Mulheres Negras Inspiradoras

MOREIRA DE ACOPIARA

Mulheres Negras Inspiradoras

Principis

Esta é uma publicação Principis, selo exclusivo da Ciranda Cultural
© 2022 Ciranda Cultural Editora e Distribuidora Ltda.

Texto
Moreira de Acopiara

Ilustração
Jota A.

Editora
Michele de Souza Barbosa

Revisão
Fernanda R. Braga Simon

Produção editorial
Ciranda Cultural

Diagramação
Linea Editora

Design de capa
Ana Dobón

Dados Internacionais de Catalogação na Publicação (CIP) de acordo com ISBD

A185m	Acopiara, Moreira de
	Mulheres negras inspiradoras / Moreira de Acopiara ; ilustrado por Jota A. - Jandira, SP : Principis, 2022.
	192 p. ; 15,50cm x 22,60cm.
	ISBN: 978-65-5552-806-0
	1. Literatura brasileira. 2. Cordel. 3. Brasil. 4. Nordeste. 5. Mulheres fortes. 6. Mulheres negras. I. A, Jota. II. Título.
	CDD 869.8992
2022-0823	CDU 821.134.3(81)-34

Elaborado por Lucio Feitosa - CRB-8/8803

Índice para catálogo sistemático:
1. Literatura brasileira 869.8992
2. Literatura brasileira 821.134.3(81)-34

1ª edição em 2022
www.cirandacultural.com.br
Todos os direitos reservados.
Nenhuma parte desta publicação pode ser reproduzida, arquivada em sistema de busca ou transmitida por qualquer meio, seja ele eletrônico, fotocópia, gravação ou outros, sem prévia autorização do detentor dos direitos, e não pode circular encadernada ou encapada de maneira distinta daquela em que foi publicada, ou sem que as mesmas condições sejam impostas aos compradores subsequentes.

Em memória de Dilosa, em cujos negros peitos intumescidos mamei muitas vezes, porque minha mãe não tinha leite, e ela, que por esse tempo amamentava o Francisco, tinha de sobra.

A ESPERANÇA TEM DUAS FILHAS LINDAS,
A INDIGNAÇÃO E A CORAGEM; A INDIGNAÇÃO
NOS ENSINA A ACEITAR AS COISAS
COMO ESTÃO; A CORAGEM, A MUDÁ-LAS.

SANTO AGOSTINHO

SUMÁRIO

Apresentação 12

O mundo deve orgulhar-se dos filhos negros que tem 15

Antonieta de Barros 21

Auta de Souza 28

Carolina Maria de Jesus 36

Chica da Silva 43

Clementina de Jesus 49

Dandara, rainha e guerreira 56

Dona Ivone Lara 66

Dona Selma do Coco 74

Elza Soares 81

Esperança Garcia 90

Lélia Gonzalez 97

Luísa Mahim 105

Mãe Menininha do Gantois 113

Maria Felipa de Oliveira 118

Maria Firmina dos Reis 125

Marielle Franco 133

Rassan e Karen, um amor que veio da África 140

Ruth de Souza 151

Ruth Guimarães 158

Tereza de Benguela 167

Tia Ciata 176

Preconceito nunca mais 183

APRESENTAÇÃO

Meu pai era um descendente do povo Cariri, da região sul do Ceará, e minha mãe era branca, de ascendência portuguesa. Fui menino nas terras que pertenceram ao meu avô paterno. E era muita terra. Por ali viviam ainda muitos negros que, mesmo após a abolição da escravatura, dali nunca saíram; mais os indígenas, que sempre viveram naquele confortável hábitat e naturalmente se integraram à nova realidade. Entre nós sempre houve uma relação de muito entendimento, amizade, aprendizado, respeito e partilha. A cultura, a religiosidade e os hábitos alimentares, tudo isso foi muito importante na minha formação.

Ainda muito cedo, e muitas vezes, minha mãe me falou sobre miscigenação e diversidade e que o mundo só é bonito por causa disso. Vivi essa experiência fantástica nas décadas de 1960 e 1970, quando era criança e adolescente; ali havia muitos terreiros para divertidas brincadeiras e largos açudes para compridos banhos, e eu julgava que o mundo girava somente naquele entorno, onde percebi que os negros gostavam que nós os chamássemos de negros, e os indígenas respondiam com alegria quando alguém os chamava de índios ou indígenas.

Vivendo naquele pequeno território, de muita tranquilidade, fartura e harmonia, eu nunca tinha ouvido falar em Dandara, Esperança Garcia, Tia Ciata ou Clementina de Jesus. Nem mesmo dentro da escola. Vim conhecer essas e outras mulheres maravilhosas e inspiradoras depois de adulto, já morando em São Paulo, dentro da universidade. Ali comecei a me interessar por elas. Li também a biografia de muitos negros que deixaram o Brasil melhor, caso de Pixinguinha, Luiz Gonzaga, Grande Otelo e Dragão do Mar.

Então escrevi "O mundo deve orgulhar-se dos filhos negros que tem", poema robusto que declamei muitas vezes e em todas as unidades dos CEUs de São Paulo, num mês de novembro, e em vários outros lugares onde me chamaram para falar sobre esse pertinente assunto. Um pouco mais adiante, produzi "Rassan e Karen, um amor que veio da África", uma comovente história de amor e luta na qual o bem sai vencedor, em um cordel que alcançou grande repercussão. Empolgado que estava, não perdi o ritmo e trouxe para a linguagem do cordel alguns nomes importantes, quando um meu amigo, o jornalista Audálio Dantas, me sugeriu que falasse sobre Carolina Maria de Jesus, grande escritora brasileira, favelada e negra, por ele descoberta no longínquo ano de 1960. Fiz o texto, publiquei, e os que o leram começaram a me instigar, falando sobre Dandara, Ruth de Souza e Esperança Garcia, dentre várias outras. Continuei criando, até porque estava gostando muito da experiência. Então decidi produzir uma série. Escolhi inicialmente vinte nomes, só de mulheres. Publiquei primeiramente em formato de cordel tradicional, que gosto muito, e bem depois decidi lançar em formato de livro, certo de que desse modo essas histórias poderiam chegar ainda mais longe.

São muito ricas e bonitas as histórias dessas mulheres que lutaram sozinhas ou ao lado de seus maridos, reivindicaram o fim da escravidão, lideraram movimentos, resistiram, cantaram, representaram, cozinharam, escreveram, fundaram e administraram quilombos e deixaram o Brasil mais musical, mais letrado, com mais ginga e, com certeza, melhor e mais bonito.

Sobre homens negros inspiradores, que também são muitos no Brasil, falarei brevemente, se as musas me favorecerem. Acho que vai dar muito certo, pois elas são muito generosas.

Moreira de Acopiara

O MUNDO DEVE ORGULHAR-SE DOS FILHOS NEGROS QUE TEM

Para a nossa humanidade
Sair da onda dramática,
É preciso pôr em prática
Os sonhos bons de igualdade.
Para que tenhamos paz,
Não se pode aceitar mais
O reinado dos tiranos,
A força dos opressores,
A supressão dos valores
Nem regimes desumanos.

O malfadado racismo
É coisa da antiguidade.
Pregar a fraternidade
É que é sinal de heroísmo.
Quem é racista não pensa,
E se faz a diferença
É pela falta de amor.
Que um pelo outro zele!
Se difere a cor da pele,
O sangue é da mesma cor.

Toda pessoa que sonha
Com um futuro de glória
Deve apagar da história
Essa mancha que envergonha:
Uma triste escravidão,
Quando os negros (sem ação)
Choravam pedindo paz,
Ao serem negociados
Nas feiras e nos mercados
Como simples animais.

Mandavam os negros depois
Para pequenos porões,
Sem as mínimas condições;
E onde só cabiam dois
Eles colocavam dez,
Com uma corrente nos pés
Ou uma canga no pescoço.
Naquele infecto aposento,
Só tinham como alimento
Um mexido muito insosso.

Sentindo frio ou calor,
O negro enfrentava o eito,
Calado, sempre sujeito
À chibata do feitor.
Nos trabalhos manuais,
Dentro dos canaviais,
Tinha grande desempenho,
Sem nada poder lucrar,
Trabalhando para dar
Riqueza ao senhor de engenho.

Foram séculos de opressão,
De desrespeito e descaso
Até extinguir-se o prazo
E acabar-se a escravidão.
A Inglaterra pressionou,
E Isabel só assinou
Essa lei que concedia
Aos escravos liberdade,
Mas a sonhada igualdade
Tão cedo não chegaria.

O MUNDO DEVE ORGULHAR-SE DOS FILHOS NEGROS QUE TEM

Na sua terra natal,
Negro tinha liberdade,
Sossego e felicidade,
Tudo muito natural.
Tinha voz e tinha vez.
Havia príncipes e reis
E as melhores condições.
Em clima bom de alegria,
O povo se divertia
Respeitando as tradições.

Os velhos eram tratados
Com cuidado e reverência.
Não havia intransigência
Naqueles solos sagrados.
Tinham uma cultura rica:
Berimbau, flauta, cuíca,
Atabaque, capoeira
E outras manifestações
Que hoje em dia são paixões
Da família brasileira.

Nossa rica culinária
Deve muito aos africanos,
Que por centenas de anos,
Com mão firme e solidária,
Nos mostraram vatapá,
Acarajé, mungunzá,
Feijão preto, caruru,
Além do doce quindim,
O delicado alfenim,
A cocada e o angu.

Hoje o negro possui fama
E brilha em vários partidos.
Veja os Estados Unidos
E o grande Barack Obama.
Na África, Nelson Mandela.
Quase trinta anos na cela,
Solitário, prisioneiro…
Mas não mudou a conduta.
O seu exemplo de luta
Enobrece o mundo inteiro.

Repare Joaquim Nabuco,
O grande abolicionista,
Herói de grande conquista
Nas terras de Pernambuco.
Luther King foi brilhante,
Zumbi foi muito importante,
Palmares foi o seu lar.
No meu Ceará de Iracema,
Quem não recorda o dilema
Do herói Dragão do Mar?

Sem apoio, sem conforto,
Mas com postura de bravo,
Decretou: "Nenhum escravo
Cruzará mais este porto!
Garanto que o Ceará
A partir de hoje estará
Livre desse malefício".
A comoção foi medonha,
Mas, para um homem que sonha,
Não existe sacrifício.

Mencionei homens brilhantes,
Mas não me posso esquecer
De falar sobre o poder
De mulheres importantes,
Que em diferentes lugares
Auxiliaram os seus pares
E deram sangue e suor,
Lutaram, se desgastaram,
Mas com certeza deixaram
O mundo muito melhor.

Mundo que deseja paz,
Amor e fraternidade,
E essa palavra igualdade
Deve constar nos anais
Do juiz, do promotor,
Do gari, do professor,
Do pedreiro, do prefeito,
Do patrão e do empregado.
O mundo civilizado
Não aceita preconceito.

Indo a qualquer continente,
Temos o conhecimento
De que em todo movimento
Sempre o negro está presente.
Nos encontros sociais,
Nos congressos pela paz
E na promoção do bem,
Negro não deve acanhar-se.
E o mundo deve orgulhar-se
Dos filhos negros que tem.

ANTONIETA DE BARROS

Já fiz cordéis sobre homens,
Sobre bois e sobre carros,
Mulheres, roças, amores
E movimentos bizarros.
Mas meu foco agora é
Antonieta de Barros.

Na verdade, falarei,
Se a musa me auxiliar,
De várias outras mulheres
Que aprendi a admirar.
E a missão do cordelista
É divertir e informar.

Por isso é que informo com
Rimas acalentadoras.
Escreverei sobre negras
Mulheres inspiradoras,
E Antonieta de Barros
Foi uma das precursoras.

Nascida em mil novecentos
E um, em onze de julho,
Na linda Florianópolis,
Sem alarde, sem barulho,
Foi da família a alegria
E do Brasil grande orgulho.

Filha de família pobre,
Perdeu o pai muito cedo.
Mas a mãe, que conhecia
Da vida o grande segredo,
Criou muito bem a filha,
Sem mordomia nem medo.

Quando tinha dezessete
Anos de idade, ingressou
Na Escola Nacional
Catarinense, estudou,
Se esforçou e com apenas
Vinte anos se formou.

Aquilo foi um espanto!
E a elite comentava:
"Como pode? Preta e pobre,
Uma filha de ex-escrava
Se formar na mesma escola
Onde o meu filho estudava?"

Mas aconteceu porque
Coisas boas acontecem,
Os grandes ficam maiores,
Os pequenos também crescem,
Sonhos são realizados
E medos desaparecem.

Pois o mundo é para todos,
Dentro da normalidade.
Antonieta de Barros
Aprendeu na faculdade
Português, literatura,
Amor e diversidade.

Quando terminou o curso,
Ela já tinha na mente
Cuidar da mãe e da irmã
De maneira eficiente.
E da alfabetização
Da população carente.

Usou toda a experiência
E a muito boa vontade,
Juntou os poucos recursos,
Mais a criatividade,
E fundou uma escolinha
Na sua comunidade.

Mas foi também professora
Em outra instituição,
Onde em muito pouco tempo,
Pela boa atuação,
Foi convidada a assumir
Um cargo de direção.

O certo é que Antonieta
Naquela escola ficou
Muitos anos. Só saiu
Depois que se aposentou.
Mas ali não foram poucas
As marcas que ela deixou.

Mas, entre uma aula e outra
E as muitas ocupações,
Antonieta de Barros
Visitava as regiões
Carentes e promovia
Robustas reuniões.

Ali ela conversava
Com jovens, agricultores,
Ribeirinhos, estudantes,
Favelados, pescadores,
Gente do povo… Mas sempre
Exaltando os seus valores.

Mulheres negras inspiradoras

Falava da importância
De se reorganizar,
De lutar pelos direitos,
De estudar, de trabalhar,
De cuidar bem da família,
De nunca se acomodar.

Com isso findou ganhando
O respeito, a simpatia,
A admiração do povo
Da região, que sabia
Que aquela grande mulher
Por ali muito faria.

Continuou exibindo
Seu grande potencial.
Notabilizou-se como
Deputada estadual,
Enriquecendo a bancada
Do Partido Liberal.

Foi a primeira mulher
A se eleger deputada
Numa terra inda machista,
De racismo impregnada,
Onde a mulher negra era
Vista como quase nada.

Isso foi em trinta e quatro,
Mas seu mandato durou
Até trinta e sete, quando
Da Assembleia se afastou.
Porém como educadora
A luta continuou.

ANTONIETA DE BARROS

Pois veio o Estado Novo
E uma cruel ditadura,
Mas Antonieta estava
Envolvida com cultura,
Lecionando português,
Vivendo literatura.

Em quarenta e sete, foi
Convidada novamente
A concorrer e elegeu-se,
Dessa vez como suplente,
E prosseguiu a serviço
Da população carente.

Frequentemente dizia,
E com naturalidade:
"Povo que não tem cultura
Também não tem liberdade,
Pois não reconhece a sua
Individualidade".

Participava de todo
Movimento cultural,
Até que um dia fundou
E dirigiu um jornal,
Onde combatia todo
Preconceito racial.

Fazia importantes crônicas
Sobre a questão feminina,
Sobre os desmandos políticos,
E nessa mesma rotina
Virou referência em
Toda Santa Catarina.

Ao longo de sua vida,
Essa mulher vencedora
Atuou como política,
Mas amou ser professora,
Defensora dos direitos,
Jornalista e escritora.

E ainda assinou artigos
Como Maria da Ilha.
O seu "Farrapos de Ideias",
Verdadeira maravilha,
É livro que muito fala
De uma pessoa que brilha.

Morreu muito nova, com
Apenas cinquenta e um
Anos de idade, do modo
Mais corriqueiro e comum.
A sua morte causou
Na Ilha pouco zunzum,

Por causa do preconceito
Vivo na sociedade
Daquele tempo, mas essa
Mulher de extrema bondade
É o verdadeiro retrato
Da nossa brasilidade.

É o retrato do Brasil,
De um povo miscigenado;
Ciente dos seus deveres
E direitos, educado,
Que trabalha e que produz,
Mas não quer ser enganado.

Auta de Souza

Mulheres negras inspiradoras

Segundo Câmara Cascudo,
Nosso pesquisador forte,
Auta de Souza, que muito
Cedo conheceu a morte,
Foi a maior poetisa
Mística, fecunda e precisa
Do Rio Grande do Norte.

Natural de Macaíba,
Nascida no ano mil
Oitocentos e setenta
E seis, com lindo perfil,
Se não tivesse morrido
Tão cedo, teria sido
Famosa em todo o Brasil.

Quando contava três anos
De idade, viu falecer
A sua mãe tão querida,
Sem nada poder fazer.
No ano seguinte, o seu
Jovem pai também morreu,
E aumentou seu desprazer.

Mesmo sem pai e sem mãe,
Auta não ficou tão só,
Pois logo foi muito bem
Acolhida pela avó
Materna, dona Silvina,
Que educou bem a menina
E a tratou a pão de ló.

E em tão nobre companhia,
Como disse, bem cuidada,
Numa escola do Recife
Auta foi matriculada,
E, por ser inteligente,
Ela foi rapidamente
Bem mais que alfabetizada.

A partir dos onze anos
De idade, sem timidez,
No Colégio São Vicente
De Paula estudou inglês,
Música e literatura
E aumentou sua cultura
Com desenho e com francês.

Foi por esse mesmo tempo
Que Auta aprendeu a gostar
De livros, de poesia,
De cultura popular...
Lendo e ouvindo os poetas,
Cismou e construiu metas
E aprendeu a declamar.

Quando tinha doze anos,
Sofreu mais uma aflição,
Porque repentinamente
Ficou sem o seu irmão
Mais novo, mas muito amado.
Coitado, morreu queimado
No meio de uma explosão.

Mais tarde, aos quatorze anos,
Foi diagnosticado
Quadro de tuberculose,
Algo muito delicado
Que a muitos prejudicou.
Essa doença deixou
Auta em muito mau estado.

Por isso mesmo ela teve
Que interromper os estudos,
Deixando muitos parentes
(E professores) sisudos.
Mas, muito viva e sensata,
Seguiu como autodidata
Buscando sonhos graúdos.

Com dezesseis anos, teve
Começo a sua carreira.
Deu aulas de catecismo,
Mas sua grande bandeira
Era mesmo a poesia,
Através da qual seria
Grande artista brasileira.

Os mais importantes livros
Auta, com cuidado, leu,
De Padre Antônio Vieira
A Casemiro de Abreu,
Junqueira Freire, Gonçalves
Dias e até Castro Alves,
E isso a fortaleceu.

AUTA DE SOUZA

Já com dezenove anos,
Conheceu o grande amor:
Um tal João Leopoldo,
Um elegante doutor.
Doente, sem melhorar,
Teve de se separar
E enfrentar saudade e dor.

Cinco fatores marcaram
Sua personalidade:
A tuberculose, a morte
Do irmão, a orfandade
(A falta da mãe zelosa),
A frustração amorosa
E a religiosidade.

Na cidade de Natal,
Capital potiguar, em
Mil novecentos e um,
Sem mas, contudo ou porém,
Auta muito surpreendeu,
Pois os versos que escreveu
Nos encantando inda vêm.

Seu poema "Ao pé do túmulo",
A meu ver, é tão bonito
E tão comovente que
Sinceramente acredito
Que emocionou quem o leu,
E é o soneto que eu
Deveria ter escrito.

Mulheres negras inspiradoras

Desde adolescente, os seus
Versos eram uma fortuna.
Escreveu assiduamente
Para o jornal "A Tribuna
De Natal", mas buscou mais:
Em outros grandes jornais
Tinha importante coluna.

Promovia em sua casa
Compridas reuniões
Para animadas conversas,
Proveitosas discussões,
Aprofundados estudos,
Importantes conteúdos
E lindas declamações.

Venceu todo preconceito
E escreveu como bem quis,
Ou melhor, como se deve,
Por isso é que foi feliz
Na profissão que escolheu.
Sua obra percorreu
Rapidamente o país.

Pena que a tuberculose,
Doença cruel e forte,
Sem demora a envolveu
No manto rubro da morte
E deu a maior das pisas
Na melhor das poetisas
Do Rio Grande do Norte.

AUTA DE SOUZA

No campo da poesia,
Foram muitas as conquistas.
Dividiu espaço com
Cronistas e jornalistas,
Conquistou muitos leitores,
Venceu os conservadores
E desapontou machistas.

Seu primeiro livro, o "Horto",
Saiu com grande destaque,
Trazendo lindo prefácio
De um grande poeta, um craque
Já bastante conhecido,
Paparicado e querido,
Chamado Olavo Bilac.

Isso aconteceu no ano
Bom de mil e novecentos,
Quando Auta recebeu
Os melhores cumprimentos
De admiradores, críticos,
Gente simples e políticos
De diversos segmentos.

Esse mesmo livro teve
Seguidas reedições.
Alguns dos poemas foram
Transformados em canções
Importantes e singelas.
E ainda há, sobre elas,
Muitas boas discussões.

Mulheres negras inspiradoras

Cito aqui "Olhos azuis",
"Desalento" e "Nunca mais",
"Meu pai", "Meu sonho", "Ao luar",
E os versos sentimentais
De "Caminhos do sertão",
"Anseios do coração"
E "Meus versos naturais".

Num sete de fevereiro
Do ano mil novecentos
E um, Auta vislumbrou
Seus derradeiros momentos.
E eu, depois que conheci
A sua história, escrevi
Aqui uns apontamentos.

Mas foi somente um resumo,
Pois sua biografia
É muito comprida e cheia
De luz, encanto e magia.
Fala também de saudade,
Esperança, liberdade,
Trabalho, amor e alegria.

AUTA DE SOUZA

Carolina Maria de Jesus

Mulheres negras inspiradoras

Muitos cordéis já escrevi,
Muitas canções já compus.
Mas, depois de mil pesquisas,
Eu agora me propus:
Fazer curto texto sobre
Carolina de Jesus.

Mineira, neta de escravos,
Pobre e semianalfabeta,
Sofredora, catadora
De papéis, forte e discreta,
Fazer versos era a sua
Ocupação predileta.

Residia na favela,
Onde nem sempre se come,
De modo que viveu sempre
Entre a miséria e a fome.
Mesmo assim pôde escrever
Com dignidade o seu nome.

Uma das primeiras negras
Publicadas no Brasil,
Nunca abaixou a cabeça,
Enfrentou o mundo hostil,
Conseguiu ser mãe presente
E escrever lindo perfil.

Com dificuldade pôde
Cuidar bem das cicatrizes,
Superou os preconceitos,
Teve momentos felizes
E foi publicada em
Mais de quarenta países.

MOREIRA DE ACOPIARA

CAROLINA MARIA DE JESUS

Escreveu canções, poemas,
Peças teatrais, romances
E contos, tendo cuidado
Para aproveitar as chances,
Sempre prestando atenção
À sutileza dos lances.

Natural de Sacramento,
Na linda Minas Gerais,
Desde cedo demonstrou
Seus dotes fundamentais,
Porque no caminho às vezes
O menos pode ser mais.

Corria mil novecentos
E quatorze. Amanhecia
Dia quatorze de março
Quando Carolina via
Pela vez primeira a luz
De um abençoado dia.

Ainda na adolescência,
Morou em muitas cidades,
Enfrentando fome, frio
E muitas dificuldades,
Vendo na palavra escrita
A maior das liberdades.

Em quarenta e sete, com
Trinta e três anos de idade,
Carolina de Jesus
Desembarcou na cidade
De São Paulo, sempre em busca
De alguma tranquilidade.

Mas a sua rebeldia
Peculiar aflorou.
Numa casa de família
Ela não se adaptou,
Se iludiu com um português,
Namorou e engravidou.

Tudo até que estava bem,
Mas, assim que o português
Viu que Carolina estava
Já curtindo a gravidez,
Desapareceu, mostrando
Desamor e pequenez.

Então Carolina viu-se
Derrotada a vez primeira.
Pior: quem iria dar
Emprego a uma mãe solteira,
Preta e pobre? Mas não quis
Abandonar a trincheira.

E disse para si mesma:
"Minha luta continua".
Sem outra saída, o jeito
Foi mesmo morar na rua,
Tendo a calçada por cama
E por cobertor a lua.

Estando já no limite,
Carolina teve até
Que catar papéis pra ver
Se arranjava o do café.
Foi então que chegou à
Favela do Canindé.

Por ali, com muito esforço,
Vivendo mil empecilhos,
Construiu o seu barraco
E nele teve os três filhos,
O que trouxe à sua vida
Esperança e novos brilhos.

Não se casou com ninguém,
Porque desde cedo achava
Que com seu modo de vida
Homem não se acostumava.
E assim foi se acostumando
Com tudo que lhe cercava.

E permaneceu às voltas
Com livros e com cadernos,
Pois eles aliviavam
Seus sofrimentos eternos,
Além do que eram sempre
Seus passatempos modernos.

Até que, em mil novecentos
E sessenta, apareceu
Na favela um jornalista,
Que muito se surpreendeu
Quando avistou Carolina
E um lindo poema seu.

Esse senhor jornalista
Era de muito traquejo
E, ao ver aqueles escritos,
Já foi dizendo: "Prevejo
Um grande livro! E o nome
Será "Quarto de despejo".

Mulheres negras inspiradoras

Esse grande jornalista
Chamava-se Audálio Dantas.
Homem sensível... As suas
Qualidades eram tantas
Que nos faziam lembrar
A mais frondosa das plantas.

Logo Carolina viu
O seu livro publicado,
Fazendo muito sucesso,
Sendo muito elogiado
Por escritores famosos,
E o seu nome, consagrado.

Carolina então viveu
Momentos muito felizes,
Passou a ser conhecida
Em mais de vinte países,
Mas no solo do sucesso
Não soube fincar raízes.

Deu diversas entrevistas,
Viu seu nome nos jornais,
Pôs a cara na TV,
Nos programas principais,
Mas a fase muito boa
Passou depressa demais.

Até saiu da favela
E foi morar em Santana,
Um bairro de classe média
E de uma gente bacana,
Mas percebeu que o destino
Desencana e desengana.

CAROLINA MARIA DE JESUS

Mais uma vez Carolina
De Jesus foi obrigada
A catar papel na rua
De tarde, de madrugada,
Toda hora, pra vender
A troco de quase nada.

Morreu aos sessenta e três
Anos de idade, esquecida,
Num sítio em Parelheiros,
Cansada e desiludida.
E a sociedade não
lhe deu a atenção devida.

Deixou "Quarto de despejo"
E "Casa de alvenaria",
E mais "Pedaços da fome",
Que li com muita alegria.
Sua obra toda está
Repleta de poesia.

Depois da morte, outros livros
De Maria de Jesus
Foram publicados, pois
O que um poeta produz
É bom que seja mostrado,
Só porque encanta e seduz.

Chica da Silva

Chica da Silva

Já falei de Carolina,
O que aqui se justifica,
Mas neste exato momento
Pretendo falar de Chica
Da Silva, que nos deixou
Uma história muito rica.

Linda mulher que foi uma
Grande personalidade
No Brasil colonial,
Num tempo em que a sociedade
Tratava brancos e pretos
Com muita desigualdade.

Filha de uma negra escrava
E de um branco português,
Como escrava foi vendida,
Mas grandes esforços fez,
E um dia caiu nas graças
De um pretendente burguês.

João Fernandes de Oliveira
Recebeu seus cafunés,
Vibrou de contentamento,
Depois curvou-se aos seus pés,
Para em seguida comprá-la
Por oitocentos mil-réis.

Mas antes Chica sofreu
Nas mãos de Manoel Sardinha,
Um endinheirado médico
Que há algum tempo já vinha
De olho nela, dizendo:
"Essa ainda há de ser minha".

Mulheres negras inspiradoras

E acabou sendo, pois Chica,
Ainda sem condição,
Engravidou desse homem,
Um amor, uma ilusão,
E deu à luz um menino,
A quem chamou de Simão.

Depois, já com João Fernandes,
Foi que Chica conheceu
A sonhada liberdade,
Foi respeitada, cresceu,
Deu seu melhor, programou-se,
E o certo é que enriqueceu.

Saber se impor sem receios
Foi sua maior conquista
No Brasil em formação,
Conservador, escravista,
Opressor e mercenário,
Capitalista e racista.

João Fernandes era um grande
Comprador de diamantes,
Um ganhador de dinheiro,
Homem dos mais importantes,
E com Chica viveu muitos
Momentos interessantes.

João Fernandes, na verdade,
Naquele rico setor,
Contrabandeava as pedras,
Mas era o contratador,
Sempre a serviço do rei,
Recebendo um bom valor.

CHICA DA SILVA

Isso é uma prova de que,
Desde a colonização,
O Brasil, já tido como
Uma importante nação,
Tem perdido muito por
Causa da corrupção.

Chica com esse senhor
Formou bonito casal,
Conquistou muitas riquezas
E prestígio social,
Causando grande alvoroço
No Brasil colonial.

A sociedade da época,
Arrogante e atrasada,
Racista e interesseira,
Ficava mal-humorada
Ao ver uma mulher preta
Com um homem branco casada.

Mas Chica superou todos
Esses grandes empecilhos.
Ao lado de João Fernandes
Conseguiu ter treze filhos
E trabalhou bravamente
Para botá-los nos trilhos.

Mas só teve aceitação
Entre os círculos sociais
Em Diamantina, cidade
Da linda Minas Gerais,
Por causa do seu dinheiro.
Fora isso, nada mais.

Dos quatorze filhos, um
Tinha o nome de Simão
Pires Sardinha, um bom fruto
Dessa primeira paixão.
Já da segunda vieram
Antônio Caetano e João.

Para completar aquela
Família grande e bonita,
Nasceram José, Antônio,
Luíza, Quitéria Rita,
Helena e Rita Quitéria,
Que a imprensa ainda cita.

Francisca de Paula veio
Quebrar a monotonia,
Ou alegrar muito quem
Distribuía alegria
Entre Mariana, Ana,
Joaquim José e Maria.

O casamento de Chica
Com o comerciante João,
Movido a mútuo respeito,
Além de intensa paixão,
Durou quase vinte anos
E abalou a região.

Ela mesma quis cuidar
Da educação das filhas,
Que nas melhores escolas
Leram todas as cartilhas
Que ensinavam a fugir
De golpes e de armadilhas.

Chica da Silva

Em mil setecentos e
Setenta, João regressou
Para Portugal, às pressas.
Chica da Silva ficou.
Foi nesse ponto que aquele
Casamento se acabou.

Ela inda disse: "João,
Não parta, por caridade.
Fique comigo! Ao seu lado
Conheci felicidade.
Se você partir, eu acho
Que morrerei de saudade".

Mas João Fernandes partiu,
Pois um soldado não fica
Parado quando chamado,
Porque senão se complica.
Partiu e não teve tempo
De voltar para ver Chica,

Que, determinada e forte,
Não se acomodou na vala
Singela dos derrotados,
Nem mesmo abrandou a fala
Quando fizeram de tudo
Para desqualificá-la.

Mas não conseguiram. Chica
Da Silva morreu em paz
E será sempre lembrada,
Não só em Minas Gerais.
E eu acho que é meu papel
Declarar neste cordel:
"Preconceito nunca mais".

CLEMENTINA DE JESUS

CLEMENTINA DE JESUS

Nascida em mil novecentos
E um, ou pouco depois,
Nunca se sabe bem certo
A data importante, pois
Há quem diga que essa deusa
Nasceu foi no ano dois.

Cresceu na periferia
Da cidade de Valença.
Desde pequena gostou
De assimilar a sabença
Do seu povo, ao mesmo tempo
Que mostrava ter presença.

Essa cidade, que fica
Na região sul do Rio
De Janeiro, deu abrigo
A essa mulher de brio,
De quem desejo falar
Aqui, de fio a pavio.

Ou seja, falar de muito
Do que sei a seu respeito.
Prometo me esforçar para
Fazer um texto bem feito,
Pois é meu desejo ver
Todo mundo satisfeito.

Pois até aqui tem sido
Bom derramar o suor
Correndo atrás de pesquisas,
Fora o que já sei de cor,
Para exaltar quem deixou
O mundo muito melhor.

Mulheres negras inspiradoras

Tenho lido muito sobre
Mulheres desbravadoras,
Humildes, perseverantes,
Fortes e batalhadoras.
As que reuni aqui
São todas inspiradoras.

Não posso falar de muitas,
Pois é muito grande a lista.
Falar de dez para mim
Já será grande conquista.
Vou conseguir, porque a vida
Não quer que ninguém desista.

Pois bem, sobre Clementina
É tempo de esclarecer
Que desde pequena o canto
Foi o que lhe deu prazer,
Sendo alento, companhia
Que a ajudou a viver.

Nasceu em uma família
Pobre, mas muito festeira.
O pai era violeiro
E mestre de capoeira.
Já a mãe cantava jongo
E era grande cozinheira.

Foi com a mãe que aprendeu
A não viver no borralho.
Decorou cantos de jongo,
Muitos cantos de trabalho,
Ladainhas... Sem ficar
Pulando de galho em galho.

CLEMENTINA DE JESUS

Moreira de Acopiara

Clementina de Jesus

Com doze anos de idade,
Quando estava residindo
Em Oswaldo Cruz, um bairro
Do Rio gigante e lindo,
Se encantou com o carnaval,
E aos poucos foi progredindo.

Frequentou rodas de samba,
Cantou no coro da igreja,
Em salões, e nessa grande
E benfazeja peleja
Recebeu as lições que
Todo adolescente almeja.

Desde cedo tinha o samba
Forte na sola do pé.
Dizia amém, aleluia,
Namastê, shalom e axé.
Carinhosamente o povo
A apelidou de Quelé.

Para sobreviver, foi
Trabalhar de cozinheira.
Em quarenta se casou,
Ainda na quebradeira,
E com o esposo mudou
Para o Morro da Mangueira.

Em sessenta, conheceu
Um grande compositor,
Poeta extraordinário
E um sujeito de valor,
Que passou a ser o seu
Empresário e produtor.

Mulheres negras inspiradoras

Hermínio Bello era o nome
Desse senhor antenado,
Que viu Clementina um dia
Num lugar improvisado,
Cantando canções antigas,
E ficou maravilhado.

E a trouxe para cantar
Em uma casa bonita,
Dizendo: "O povo está muito
Exigente e necessita
Ver a integração das músicas
Popular e erudita".

Clementina então seguiu
Os passos de Hermínio Bello,
Que lhe abriu mais horizontes,
Deu-lhe as chaves do castelo,
E os dois fizeram um trabalho
Bonito, sem paralelo.

Somente em sessenta e cinco
Clementina conseguiu
Gravar o primeiro disco,
Que muito repercutiu.
Foi a partir daí que
Mais de uma porta se abriu.

Com Elisete Cardoso,
Outra artista especial,
Mais Paulinho da Viola,
Cantor e intelectual,
Foi mostrar o seu talento
Incomum no Senegal.

A partir de então, com uns
Companheiros estimados
Gravou discos e obteve
Excelentes resultados,
Pois tão bem interpretou
Vários sambas consagrados.

No fim de sessenta e oito,
Ao lado de Pixinguinha
E João da Baiana, fez
Um disco que há muito vinha
Querendo fazer, mas tempo
E disposição não tinha.

Prosseguiu cantando samba,
Ladainha e bendeguê.
Já em setenta gravou
Outro importante LP
Que tinha o peculiar
Título de "Cadê você?"

Teve ainda tempo para
Cantar com Gilberto Gil,
Clara Nunes, João Nogueira
E exaltar este Brasil
De uma gente musical,
Bem-humorada e gentil.

Cantou ainda com João
Bosco e Roberto Ribeiro,
Dona Ivone Lara… Com
Martinho, um grande parceiro,
Sempre mostrando as grandezas
Deste Brasil brasileiro.

Mulheres negras inspiradoras

Uma gigante que a um bom
Passado inda me remete.
Seu canto é como uma luz
Que no mundo inda reflete.
Morreu no mês de setembro,
No Rio, em oitenta e sete.

Grande exemplo a ser seguido
Por diversas gerações.
Sua história está contada
Nas suas muitas canções.
No samba puro foi uma
Das mais finas expressões.

Clementina de Jesus

Dandara, rainha e guerreira

Mulheres negras inspiradoras

É sabido que foi muito
Grande a contribuição
Que os africanos trouxeram,
Desde arte, educação,
Mão de obra, culinária,
Cultura e religião.

Mas foi uma história triste,
De dores e desenganos,
De solidão, de saudade,
De castigos desumanos,
Numa luta que durou
Ao menos trezentos anos.

Os negros viviam livres
Na sua terra natal,
Mas de lá eram trazidos,
Do modo mais imoral,
Para produzir riquezas
No Brasil colonial.

E eles trabalhavam muito
Para os patrões da cidade,
E até do interior,
Em total privacidade,
Sem receber nada em troca,
Privados de liberdade.

E eram trabalhos pesados,
Expostos a mil perigos,
Com pouca comida, às vezes
Sem poder ver os amigos,
E, se desobedeciam,
Sofriam cruéis castigos.

Mas eles não se deixavam
Abalar nem sucumbir.
Estavam determinados
A lutar e resistir,
Porque sabiam que dias
De glória estavam por vir.

E muitos negros, depois
De tão duras privações,
Tantos trabalhos forçados
E contundentes grilhões,
Fugiam sem rumo, em busca
De melhores condições.

Muitos deles, muitas vezes,
Eram recapturados
Pelos capitães do mato,
E eram logo acorrentados
Num forte tronco, onde eram
Brutalmente castigados.

Mas alguns logravam êxito,
E, mesmo às quedas e aos tombos,
Iam procurar guarida
Em conhecidos quilombos,
Exaustos, com muitos pesos
Nos respectivos lombos.

Eram grandes os enfados,
Depois de trechos compridos,
Duvidosas travessias,
Caminhos desconhecidos...
Mas no quilombo sorriam,
Pois eram bem recebidos.

Mulheres negras inspiradoras

Ali eles encontravam
Tranquilidade e esperança,
Compartilhavam trabalho,
Viviam com segurança,
Sem pressa, sem ameaça,
Sem castigo e sem cobrança.

Entre os quilombos formados
Nos mais diversos lugares,
Houve um entre palmeiras
E os mais refrescantes ares
Que logo foi batizado
De Quilombo dos Palmares.

Isso foi em Alagoas,
Privilegiada terra,
Um lugar muito bonito
Na vastidão de uma serra,
Onde até então ninguém
Tinha notícias de guerra.

A grande notícia foi
Pouco a pouco se espalhando,
E em ritmo acelerado
Os negros foram chegando,
Os povoados crescendo
E todos se organizando.

Não demorou e o Quilombo
Já contava trinta mil
Pessoas que vinham de
Vários pontos do Brasil
Atrás da tranquilidade
De um mundo menos hostil.

Ali eles tinham tudo,
E muito à base de troca:
O milho para o cuscuz,
O mungunzá e a pipoca,
A manga, o feijão, o arroz,
O mamão e a mandioca.

Eles produziam muitos
Outros tipos de legumes
E de cereais, causando
Lá fora muitos ciúmes.
E conviviam conforme
Suas cresças e costumes.

Umas cabrinhas pé-duro
Em todo o terreiro tinha,
Além de porcos, ovelhas
E ao menos uma vaquinha.
E ainda criavam mais
De uma espécie de galinha.

E o Quilombo dos Palmares
Começou a incomodar,
De modo que eles tiveram
Que melhor se organizar
Para fugir dos ataques
E conseguir escapar.

Tendo o desejo maior
De viver em harmonia,
As lideranças criaram
Ali uma hierarquia,
Com muitas regras a que
Todo mundo obedecia.

Mulheres negras inspiradoras

Depois de quase cem anos
De vida em comunidade,
Com o grande Quilombo já
Maior que muita cidade,
Os portugueses chegaram
Causando intranquilidade.

Na verdade eles queriam
Que muitos negros fugidos
Voltassem para os seus donos
E fossem submetidos
Outra vez à escravidão,
Com os direitos suprimidos.

Ganga Zumba, que era o líder,
Se aliou aos portugueses
E ainda cedeu aos muitos
Caprichos dos holandeses,
Provocando desavenças
Entre os negros, muitas vezes.

É que os negros não queriam
Perder seus poucos direitos
Lentamente adquiridos,
Sabe-se lá de quais jeitos,
De modo que Ganga Zumba
Os deixou insatisfeitos.

Analisando, percebo
Que os negros tinham razão,
Porque não queriam mais
Voltar para a servidão.
E até por isso tramaram
De Ganga Zumba a extinção.

DANDARA, RAINHA E GUERREIRA

É isso. O Quilombo viu
Ganga Zumba assassinado.
Inda bem que um seu sobrinho
Ali já tinha chegado
Querendo mostrar serviço,
Porque estava preparado.

O seu nome era Francisco,
Conforme li e reli,
Tinha dezenove anos
E há bom tempo estava ali,
Onde ficou conhecido
Pelo nome de Zumbi.

Era um rapaz bem criado,
Sensível e inteligente,
Disposto como um boi manso,
Sagaz como uma serpente,
Vivo como uma raposa,
Mas louco por sua gente.

O certo é que, depois que
Ganga Zumba faleceu,
O visionário Zumbi
Se impôs, se estabeleceu
E disse: "De agora em diante,
O chefe daqui sou eu".

E ele aproveitou a boa
Oportunidade rara
Para reorganizar
Todo aquele povo e para
Dar um rumo a sua vida,
Se casando com Dandara.

Mulheres negras inspiradoras

Princesa negra, ativista,
Companheira e protetora
De Zumbi, o seu amado,
Sonhadora e caçadora,
Além de capoeirista,
Parteira e agricultora,

Teve papel importante
Promovendo a harmonia
De seu povo no Quilombo
Que o marido conduzia,
Sendo boa estrategista
E a melhor assessoria.

Para defender os seus,
Foi à luta muitas vezes,
Sempre ao lado do marido,
Defendendo os camponeses,
Principalmente por causa
Dos ataques portugueses.

Teve somente três filhos,
Sendo Motumbo o primeiro.
Harmódio foi o segundo,
E Aristogíton, o terceiro.
Desde o começo aprenderam
A ser contra o cativeiro.

Por causa do seu caráter,
Da calma e da inteligência,
Do sonho de liberdade,
Da força e da competência,
Dandara virou sinônimo
De luta e de resistência.

DANDARA, RAINHA E GUERREIRA

DANDARA, RAINHA E GUERREIRA

No ano de mil seiscentos
E noventa e dois, um tal
De Domingos Jorge Velho,
Querendo fazer o mal,
Avançou sobre o Quilombo,
Numa luta desigual.

Eram quase seis mil homens,
Todos muito bem armados
Com trabucos e canhões
Modernos, todos levados
Ao Quilombo, pois queriam
Os negros aniquilados.

Com muito custo, Zumbi,
Mesmo ferido, escapou.
No meio da densa mata
Ele se refugiou.
Dois anos depois, em uma
Grande emboscada tombou.

Dandara, que era sinônimo
De muita especulação,
Não quis ser capturada
Nem voltar à servidão.
Partiu para a morte, ou para
Sua real redenção.

Ao perceber seu algoz
Se aproximando implacável,
Se atirou num precipício
De altura considerável.
Esse gesto para nós
Tem valor inestimável.

MULHERES NEGRAS INSPIRADORAS

No momento em que este texto
Rimado vislumbra o fim,
Eu me lembro de Dandara
E findo pensando assim:
Essa mulher foi e é
Importante para mim.

Dona Ivone Lara

Mil novecentos e vinte
E dois, entre glórias mil,
Ivone Lara nasceu,
No dia treze de abril.
Realizando bons planos,
Viveu noventa e seis anos
Engrandecendo o Brasil.

Sempre educada e gentil,
Cumpriu sua trajetória
Com um sorriso nos lábios
E versos bons na memória.
Maravilhosa cantora
E exímia compositora,
Deixou a mais linda história.

A sua grande vitória
Foi trabalhar sem ter medo.
Por confiar no talento,
Pensou nisso logo cedo:
Como quem sabe o que quer,
Foi a primeira mulher
A assinar samba-enredo.

Sem ilusão nem segredo,
Soube ser original.
Antes de mostrar no samba
Seu grande potencial,
Empreendeu outra viagem:
Quis estudar enfermagem
E serviço social.

Mas no campo musical
Ganhou um dom verdadeiro.
Veio ao mundo em Botafogo,
Na linda Rio de Janeiro.
Foi ela a filha primeira
De uma grande costureira
E um músico verdadeiro.

O seu convívio primeiro
(Tempo que não voltará)
Foi no samba. Até por isso
Lembrada sempre será.
Enfrentou forte debate
No Bloco Flor do Abacate
E no Ameno Resedá.

Feliz como um sabiá,
Foi crescendo mês a mês.
Ficou sem o pai amado
Quando de anos tinha três.
Não ficou desamparada,
Mas perdeu a mãe amada
Ao completar dezesseis.

Mas não perdeu sua vez
De construir o caminho.
Seu primo, o Mestre Fuleiro,
A recebeu com carinho.
Pra ela não perder nada,
Foi depressa incentivada
A estudar cavaquinho.

Tinha alguns mestres pertinho
Dando-lhe apoio e noção,
Principalmente João Silva,
Nas cordas de um violão,
Um verdadeiro acalanto.
Lucíola ensinou-lhe o canto,
Sempre estendendo-lhe a mão.

Cresceu com a fundação
Da escola Império Serrano,
Onde desfilou… Cantou
Coisas do cotidiano.
Fez tudo quanto podia
Pra viver bem todo dia,
Todo mês e todo ano.

Grande coração humano,
Numa mulher genial.
Foi por mais de trinta anos
Gigante profissional,
Mostrando grande virtude
Só no campo da saúde,
Seu papel fundamental.

Um bloco de carnaval,
O "Loucura Suburbana",
Para Dona Ivone Lara
Foi realmente bacana,
No seu Rio de Janeiro.
Alegria o ano inteiro,
Com arte toda semana.

DONA IVONE LARA

Vestida como baiana,
Começou a desfilar.
O samba "Não me perguntes"
Compôs pra o Brasil cantar
E gerou um certo espanto.
Foi mostrado em todo canto,
Cantado em todo lugar.

Desejando executar
Esse dom que recebeu,
Depois de se aposentar
Só com música se envolveu.
Pra iluminar seu trabalho,
Compôs com Délcio Carvalho
O sucesso "Sonho meu".

Foi aí que conheceu
Gal e Maria Bethânia.
As duas gravaram numa
Importante coletânea.
O sucesso foi, assim,
Dando um orgulho sem fim
À arte contemporânea.

Numa alegria instantânea,
Na arte enfrentou duelo.
Formou com grandes artistas
O mais consagrado elo.
Como atriz foi muito bela!
Tia Nastácia era ela
No Pica-pau Amarelo.

Bananada de marmelo
Relembra Gilberto Gil
No Sítio do Pica-pau,
Que pra mim foi nota mil.
Passou na televisão,
Foi a maior diversão
No universo infantil.

Mas hoje o nosso Brasil
Lembra com muita saudade
Dona Ivone Lara, que
A meu ver foi sumidade.
Fez tudo e partiu com calma
Pra receber muita palma
No reino da eternidade.

Deixou sucesso à vontade
E fama imortalizada.
Nunca parou de compor,
Mesmo estando aposentada.
Nesse momento convém
Dizer que quem faz o bem
Recebe paga dobrada.

Foi mais que homenageada
Durante a linda carreira.
Dama e rainha do samba,
No Brasil uma bandeira.
Teve a sorte promissora
Ao conhecer a doutora
Dona Nise da Silveira.

DONA IVONE LARA

Além de grande guerreira,
Bastante sorte ela tinha.
Casou-se com Oscar Costa,
Um homem de alta linha;
Esse marido decente,
Herdeiro do presidente
Da escola "Prazer Serrinha".

Ainda muito novinha,
Com vinte e cinco de idade,
Negra cheia de vigor,
Saúde e vitalidade,
Rica de riso e beleza,
Parecia uma princesa
Num castelo de humildade.

Teve um ciclo de amizade
Com grandes compositores.
Foi sempre classificada
Um valor entre os valores,
Tendo alegrias dobradas
Com suas letras gravadas
Por cantoras e cantores.

Um primor entre os primores,
Mais que exemplo pertinente.
Pelo muito que aqui fez,
Foi para nós um presente.
Quem visitar seu passado
Há de encontrar um legado
Que chama a atenção da gente.

Nesta estrofe comovente,
Faço minha despedida:
Saudando essa grande estrela,
Que brilhou e foi querida
Desde sua juventude,
Que trabalhou na saúde
E desfilou na avenida.

Nunca será esquecida,
Por causa da competência.
Não pude aqui falar muito
Porque me faltou ciência.
Findo dizendo que para
Moreira de Acopiara
Será sempre referência.

Dona Selma do Coco

O Nordeste sempre foi
Lugar de muita cultura.
Na viola, no cordel,
No pandeiro, na pintura...
Além de uma referência
Também na literatura.

Aquele lugar tão rico
Já nos deu grandes valores:
Xilogravuristas bons,
Fecundos compositores,
Maravilhosos coquistas
E brilhantes escritores.

E, por falar em coquista,
Eu, que não sou muito broco,
Que vejo, leio e escuto,
E que dou correto troco,
Resolvi falar aqui
De Dona Selma do Coco.

Ou sobre ela! Mulher,
Que considero guerreira.
No seu registro escreveram
Somente Selma Ferreira
Da Silva, um nome comum,
Mas um marco, uma bandeira.

Nascida em mil novecentos
E trinta e cinco, viveu
Até somente os dez anos
No lugar onde nasceu:
Vitória de Santo Antão,
Chão que jamais esqueceu.

Dona Selma do Coco

Pois foi ali que aprendeu
A conviver com coquistas,
Cirandeiros, violeiros,
Emboladores, passistas,
Rezadeiras, artesãos,
Brincantes e repentistas

E muitas outras vertentes
Da cultura popular.
Mas, ao completar dez anos,
Obrigou-se a se mudar
Para o bairro Mostardinha,
Em Recife, um bom lugar.

Por manobra do destino,
Aquele amplo local
Onde Selma foi morar
Era um chão especial,
De um povo bom e alegre,
Criativo e cultural.

E foi ali que ela pôde
Continuar aprendendo,
Exercitando o seu canto,
Lutando e se defendendo,
Conhecendo outros artistas,
E, no seu tempo, crescendo.

Casou-se bastante jovem,
Para mais felicidade.
Viveu bem, teve dez filhos
Com muita velocidade
E acabou enviuvando
Com trinta anos de idade.

Mas Selma não se abalou
Nem perdeu a paciência.
Mostrou-se uma nordestina
De talento e resistência
E foi procurar algum
Meio de sobrevivência.

E na cidade de Olinda,
Depois de compras e trocas,
Pelejas, idas e vindas,
Comentários e fofocas,
Selma passou a viver
Da venda de tapiocas.

Era grande a concorrência,
O que até não incomoda.
Mas Selma, mulher do tipo
Que luta e não se acomoda,
Misturou a culinária
Com o som do coco de roda.

Conseguir um bom espaço
Foi a maior das conquistas.
A fim de aumentar as vendas,
Aliou-se a mais artistas,
Mostrando o que bem sabia
Para atrair os turistas.

Essa estratégia deu muito
Certo, foi fundamental
Para incrementar as vendas.
Selma conquistou moral
Como cantora. E passou
A cantar no seu quintal.

DONA SELMA DO COCO

E todo fim de semana
Seu grande quintal lotava
De gente vinda de longe,
Que cantava, que dançava,
Comia e se divertia,
Somente porque gostava.

Com o passar do tempo, Dona
Selma passou a compor
Singelos cocos falando
De sonho, saudade e amor,
E o povo então percebeu
Que aquilo tinha valor.

Somente em mil novecentos
E oitenta houve um momento
De glória, pois veio aos poucos
Algum reconhecimento.
E tudo isso por causa
Do seu comprometimento.

Depois dos sessenta anos,
Gravou as suas cantigas,
Algumas muito recentes,
Outras já bastante antigas,
Tudo porque recebeu
Apoio de mãos amigas.

Foi por esse tempo que
Os convites começaram
Para as apresentações,
E elas se multiplicaram,
Por causa de um lindo show
Bem popular que montaram.

Noventa e seis foi um ano
Singular e especial.
Selma foi destaque num
Importante festival,
E "A Rolinha", sua música,
Estourou no carnaval.

Em noventa e nove, houve
Mais um momento de glória.
Recebeu o prêmio Sharp
Pelo disco "Minha história",
O que muito alavancou
Sua linda trajetória.

Ainda em noventa e seis,
Grande coisa aconteceu,
Pois Dona Selma cantou
No continente europeu.
Foi com muito entusiasmo
Que a Alemanha a recebeu.

Foi aos Estados Unidos,
E aquele povo gentil
A recebeu com carinho,
E ela cantou, foi sutil,
Mas as grandes homenagens
Recebeu foi no Brasil.

No estrangeiro e aqui,
Foi manchete principal
Nas TVs mais importantes
E em tudo quanto é jornal.
Sua obra, para o mundo,
Tornou-se fundamental.

DONA SELMA DO COCO

Pobre, negra e nordestina!
Seus importantes cantares
Vieram do interior
E estão em muitos lugares.
Selma do Coco é o retrato
Das coisas elementares.

Em dois mil e quinze, com
Oitenta anos de idade,
Dona Selma nos deixou,
Foi cantar na eternidade.
Foi exemplo e referência
Na nossa sociedade.

Para concluir mais este
Que fiz com dedicação,
Declaro que Dona Selma
Será sempre uma paixão,
Grande orgulho para nós
E fonte de inspiração.

Elza Soares

Moreira de Acopiara

Elza Soares

Já fiz poemas falando
De lagos, rios e mares,
Já cantei serras, florestas
E interessantes lugares,
Falei de crentes e ateus,
Mas agora os versos meus
Serão sobre Elza Soares.

Já cantei os militares
E a família brasileira,
Cantei a democracia
E a legião estrangeira,
Mas agora os meus cantares
Serão sobre Elza Soares,
Grande artista brasileira.

Cantei a gente guerreira
Que o destino arrebatou,
Cantei quem partiu querendo
Voltar, mas nunca voltou,
Mas vou falar neste instante
Sobre o legado importante
Que Elza Soares deixou.

Como cantora encantou
E se tornou conhecida.
Patrimônio cultural,
Pelos fãs muito querida,
Essa grande brasileira
Construiu linda carreira,
Com arte comprometida.

Teve uma infância sofrida,
Parecia frágil planta.
Mas venceu barreiras, pois
Um forte não se aquebranta.
Cantar foi o seu serviço,
Residindo num cortiço
No bairro da Água Santa.

O que admira e espanta
É que ela muito sofreu.
Casou-se a primeira vez,
Mas seu mundo escureceu,
Pois dentro de poucos anos
Sofreu grandes desenganos,
Já que o marido morreu.

Mas não se comprometeu,
E sempre reagiu bem.
Foi lutando, foi crescendo,
Sem ajuda de ninguém...
Seu bairro, que era Água Santa,
Cresceu, como cresce a planta,
E virou Vila Vintém.

Seus genitores? Pois bem,
Eu digo com precisão:
O pai, Avelino Gomes,
Viveu batendo cartão.
A mãe era lavadeira,
Que eu considero guerreira:
Maria da Conceição.

ELZA SOARES

ELZA SOARES

Elza teve um coração
Marcado por grande dor.
O seu destino foi tão
Inimigo e traidor,
Que, sem estar preparada,
Foi pelo pai obrigada
A se casar sem amor.

Seu pai, um trabalhador,
Quis colocá-la no trilho.
Ela levava uma vida
Descontrolada, sem brilho.
Pra sua infelicidade,
Com treze anos de idade
Casou-se e já teve um filho.

Garrincha, atleta andarilho,
Bem mais tarde a recompôs.
Apaixonado por ela,
Não quis deixar pra depois.
Teve por essa menina
Uma paixão clandestina
Na Copa, em sessenta e dois.

O comentário depois
Começou a se espalhar,
Que o craque trocou a bola
E os gramados pelo bar.
Ela, muito apaixonada,
Foi tida como a culpada
De o jogador fracassar.

Mulheres negras inspiradoras

Sofreu muito pra chegar
Ao lugar mais desejado.
Todo artista pra vencer
Primeiro sofre um bocado.
Partiu pra eternidade
Com noventa e um de idade,
Deixando um grande legado.

Um nome imortalizado
Elza pra o mundo deixou.
Venceu muitos obstáculos
Pra chegar onde chegou.
Pra ser feliz e vencer,
Elza teve que sofrer
O que nunca imaginou.

Um grande prêmio ganhou,
Conseguindo muita fama.
Ary Barroso lhe deu
Uma chance em seu programa.
Foi longamente aplaudida
Cantando, desinibida,
O bom samba-canção "Lama".

A gente não se programa
Nem sabe a hora e a vez.
Pra aumentar a sua dor,
Veja o destino o que fez:
Além das dores que tinha,
O seu filho Garrinchinha
Morreu em oitenta e seis.

ELZA SOARES

ELZA SOARES

Caiu do palco uma vez,
Onde chegou pra cantar.
Com o impacto, a coluna
Quase saiu do lugar.
Pra sua infelicidade,
Perdeu a mobilidade
Na hora de caminhar.

A sua história exemplar
Merece nossa atenção.
Cantou nos palcos, nas rádios,
Brilhou na televisão.
Morreu numa quinta-feira
Quem teve a sua carreira
Recheada de aflição.

Foi ela grande paixão
No Brasil e no estrangeiro.
Em dois mil e vinte e dois,
Dia vinte de janeiro,
O que a gente não previa,
Elza acabou-se no dia
Do seu santo padroeiro.

Houve mais de um companheiro
Pra essa cara-metade.
Desgosto, dor e agressão
Ela teve em quantidade.
Dos três que ela adquiriu,
Nenhum deles construiu
A sua felicidade.

Uma mulher de verdade,
Com um destino adverso.
Em dois mil ganhou, em Londres
(Vou relatar neste verso),
Com a fama ao seu redor,
O título de a melhor
Cantora do universo.

Sei que o meu verso é disperso
Pra louvar o seu talento.
O que faltava de apoio
Sobrava de engajamento.
Eu fiquei feliz porque
Em Londres a ABC
A apoiou cem por cento.

Depois do seu passamento,
Uma saudade imortal
Dominou os seus parentes,
Dos bairros pra capital.
Entre noites e manhãs
O luto atingiu os fãs
De uma maneira geral.

Amou muito o carnaval,
Viu sua escola vencer.
Mocidade Independente
Foi que a soube acolher.
Era a escola vencendo
E Elza Soares dizendo:
"Não deixe o samba morrer".

Moreira de Acopiara

Elza Soares

Ninguém consegue esquecer
Quem nos deu tanta alegria,
Suportou humilhação,
Desprezo, dor e agonia...
Só teve felicidade
Quando foi da Mocidade
Madrinha de bateria.

Elza da música vivia,
Mas tinha vida agitada.
Chorou quando viu a filha
Dilma sendo sequestrada.
Foi muito o que se indispôs,
Pois só trinta anos depois
Ela foi reencontrada.

Hoje Elza está sepultada
Na Zona Oeste do Rio,
Depois que perdeu pra morte,
No mais duro desafio.
Por não ter dó de ninguém,
Na hora que a morte vem
Não adianta desvio.

Ou no calor ou no frio
Ela vem causando espanto.
Corpo, origem, meio e fim,
Riso e graça, dor e pranto...
Vida da rua pra o lar,
E o morto, o único lugar,
Pra ele, é o campo santo.

Mulheres negras inspiradoras

Foi Elza o maior encanto
Que encanta os seres humanos,
Mas a morte estava sempre
Desmoronando os seus planos.
Em dois mil e quinze, o seu
Filho Gilson faleceu,
Com cinquenta e nove anos.

Foi irmã dos africanos,
Posso fazer propaganda.
Respeitou muito o seu povo,
Do jeito que a vida manda.
Amava tudo de lá:
Sincretismo e orixá,
Oxóssi, Ogum e umbanda.

Por onde é que Elza anda?
Sei que a resposta não vem.
A carne desceu pra cova,
A alma foi pra o além,
Numa certeira partida.
Como é a outra vida?
Disso não sabe ninguém.

Elza cantou muito bem,
Teve uma voz educada.
Samba-canção, bossa nova...
Não ficou devendo nada.
Descanse em paz por aí,
Uma vez que por aqui
Já concluiu a jornada.

ELZA SOARES

ESPERANÇA GARCIA

Pedro Monteiro, um amigo,
Natural do Piauí,
Sempre conversa comigo,
E esses dias veio aqui
Na minha casa, querendo
Falar do que muito entendo
E do que não sei ainda,
E eu, com alegria imensa,
Afirmei: "Sua presença
É sempre muito bem-vinda".

Pedro é um pesquisador
Da cultura popular,
Um grande admirador
Das coisas do meu lugar,
Que é o lugar dele também,
Nosso Nordeste, onde tem
Histórias fundamentais.
Possui muita informação
Sobre o tema "escravidão",
Mas quer saber muito mais.

E ele, percebendo que
Todo poeta pesquisa,
Disse: "Moreira, você
É bom, por isso precisa
Ir até o Piauí,
Pois, pelo que sei, ali,
Bem antes da Monarquia,
Viveu, entre medo e fome,
Uma escrava, cujo nome
Era Esperança Garcia".

ESPERANÇA GARCIA

Eu disse: "Boa lembrança,
E as sugestões são bem-vindas".
E prossegui: "A esperança
Possui duas filhas lindas,
E em conjunto é que elas agem.
Uma se chama coragem,
E a outra, indignação.
Se esse era nome de escrava,
Despertou, ou despertava,
Profunda admiração".

Fui atrás e descobri
Que no lugar Nazaré,
Oeste do Piauí,
Nasceu Esperança, e é
Muito importante dizer
Que ela aprendeu a escrever
Pelas mãos dos jesuítas,
O que muito a ajudou,
Pois na vida aliviou
Um pouco as suas desditas.

Naquele tempo, os cativos
Viviam na escuridão,
Completamente passivos,
Sem acesso a educação.
Qualquer escravo flagrado
Com livros era açoitado
Do modo mais acintoso.
E o que lia e escrevia,
Todo escravocrata o via
Como um monstro perigoso.

Mas Esperança Garcia,
Mulher que não esperava,
Desde muito cedo lia,
Por isso se destacava.
Com quinze anos casou-se,
E esse casamento trouxe
Grande alívio à sua dor.
Muito embora escravizada,
Se sentiu presenteada
Com os benefícios do amor.

Mas o Marquês de Pombal
Expulsou os jesuítas,
E isso pegou muito mal,
Deixou famílias aflitas.
E Esperança foi mandada
Para uma terra afastada,
E o pior, sem o marido,
Levando um filho somente,
Seu amor, um inocente
Há pouco tempo nascido.

Abandonou a fazenda,
Que se chamava Algodões,
Pra receber encomenda
De surras e humilhações.
Foi trabalhar na cozinha
De uma fazenda que tinha
O mais carrasco patrão,
Que a fazia trabalhar,
Sem folga e sem praticar
A sua religião.

E o mais cruel! Esperança
Virou colchão de pancada,
Como também a criança,
Brutalmente castigada.
Sentindo o corpo doído,
Com saudade do marido
E demais familiares,
Disse: "Eu não vou suportar!
O mundo há de me mostrar
Novos rumos, novos ares".

Foi então que se lembrou
De escrever uma cartinha,
E rapidamente usou
A experiência que tinha.
E escreveu carta bonita
Contando a sua desdita,
Depois disse a um portador:
"Por gentileza, me atenda!
Vá levar esta encomenda
Às mãos do governador".

Nessa cartinha, Esperança
Naturalmente afirmava
Que sua linda criança
Naquela casa apanhava,
E que ela também sofria
Toda noite, todo dia,
As piores agressões,
Já quase sem suportar,
E que queria voltar
Para a Fazenda Algodões.

Foi uma cartinha tão
Bem feita, que um dia li
E disse: "Uma petição
É tudo que vejo aqui".
Havia lindas imagens,
Interessantes passagens
E o mais direto recado.
Era um texto tão bonito
Que até parecia escrito
Por perito advogado.

Isso aconteceu em mil
Setecentos e setenta,
Um período em que o Brasil
Caminhava em marcha lenta.
Era setembro, e o dia
Era seis, que transcorria
Do jeito que um justo gosta.
Não sei se a carta chegou,
Mas Esperança ficou
Aguardando uma resposta.

Numa ânsia desmedida,
Ela esperou mais de um mês.
Já quase desiludida,
O prazo passou pra três,
Quatro, cinco… Quase um ano.
Mas chegou o desengano
E um tempo desolador,
O que a deixou indisposta,
Porque não veio resposta
Do senhor governador.

ESPERANÇA GARCIA

Moreira de Acopiara

Esperança Garcia

Um belo dia, Esperança
Garcia, sem opções,
Pegou a sua criança
E fugiu para Algodões,
Onde foi bem recebida
Pela família querida,
Encontrou seu grande amor,
Abraçou os seus iguais,
Ficou velha e não quis mais
Saber do governador.

O dia seis de setembro,
Conforme um texto que li,
E dele ainda me lembro,
É, em todo o Piauí,
O dia da Consciência
Negra, pois a competência
Dessa mulher brasileira,
Preta, pobre e escravizada
Há de ser sempre lembrada
Em toda e qualquer trincheira.

LÉLIA GONZALEZ

LÉLIA GONZALEZ

Sempre gostei de cantar
Serras, campinas e vales.
É cantando que consigo
Afugentar os meus males.
Mas quero, neste momento,
Usar todo o meu talento
E cantar Lélia Gonzalez.

Nascida em Belo Horizonte,
Primeiro de fevereiro,
Do ano mil novecentos
E trinta e cinco, o primeiro
Trabalho foi de babá.
Depois foi doméstica, já
No lindo Rio de Janeiro.

Filha de negro e indígena,
Gente que a gente aprecia,
Perdeu o pai muito cedo,
Mas preservou a alegria
De viver e de estudar,
Com o intuito de cursar
História e filosofia.

Encantou-se pelo Rio,
Aquele tão lindo estado,
Deu aulas e preparou-se
Para fazer um mestrado.
E, tendo espírito inquieto,
Preparou novo projeto
E embarcou num doutorado.

Mulheres negras inspiradoras

Nem é preciso falar
Das muitas dificuldades
Enfrentadas no começo
Em muitas localidades,
Sem apoio, sem vintém,
Pra depois dar aulas em
Grandes universidades.

Um dos seus irmãos mais velhos
Tornou-se futebolista
E atuou pelo Flamengo,
Uma importante conquista.
Nos campos se destacou!
Já Lélia nunca deixou
De ser brilhante ativista.

Esse irmão de que falei,
E que jogou futebol,
Foi o bom Jaime de Almeida,
Que também lutou em prol
Desse esporte que escolheu,
Quando Lélia conheceu
Um cidadão espanhol.

Ela negra, ele branco,
Mas os dois se aproximaram,
Se conheceram melhor,
Conviveram, se casaram,
Viveram grande paixão,
Mas, depois de um tempo, não
Sei por que se separaram.

LÉLIA GONZALEZ

Lélia Gonzalez

Na verdade eu sei. É que
A família do rapaz
Era preconceituosa,
Ou racista contumaz.
Blasfemou, se incomodou,
Se impôs, mas nunca deixou
O casal viver em paz.

É claro que ele ficou
Cabisbaixo, insatisfeito.
Mas, depois de muitas idas
E vindas, não houve jeito.
O romance se desfez,
E Lélia perdeu a vez
Por causa do preconceito.

Mas quero deixar pra trás
Essas passagens ruins
De racismo e preconceito,
Intolerância e afins
E para passagens boas
Tecer pertinentes loas
E tocar os meus clarins.

Eu escrevi clarins, mas
Você já fique avisado
Que tudo isso foi dito
No sentido figurado.
Tocar clarim quer dizer
Que algo necessita ser
Amplamente anunciado.

Pois muito bem. Já doutora,
E para não sentir tédio,
Lélia trabalhou em várias
Escolas de ensino médio.
Tinha por convicção
Fazer da educação
Eficiente remédio.

Tinha certeza de que
Cultura e educação
Deveriam receber
De nós completa atenção,
Nos mais diversos momentos,
Pois os dois são elementos
De conscientização.

Nas suas aulas criou
Uma disciplina inteira
Onde discutia umbanda,
Candomblé e capoeira.
E foi das mais diplomáticas,
Introduzindo aulas práticas
De dança afro-brasileira.

Defendendo os seus direitos,
Foi fundo e nunca calou-se.
Depois de muitas pesquisas,
A professora agitou-se,
Na maior satisfação,
Vendo a contribuição
Que o povo africano trouxe.

E essa contribuição
Nos deu melhor estrutura,
Tanto na educação
Quanto na literatura,
Importante e necessária,
No campo da culinária
E na popular cultura.

Em mil novecentos e
Setenta e oito, fundou
Importante movimento
Que se solidificou
Contra a discriminação
E o racismo, essa questão
Que sempre a incomodou.

A sua primeira obra
Nesse momento eu relato
Com palavras simples, pois
Preciso ser muito exato:
É um artigo bem escrito,
Um texto muito bonito,
Que é "Mulher negra: um retrato".

Depois publicou o seu
Primeiro livro: "Lugar
De Negro", importante obra
Que eu acho importante olhar,
Comprar e ler com cuidado.
Tenho ainda bem guardado
Um conservado exemplar.

Um livro que aborda os muitos
Movimentos sociais
Levantados pelos negros
Em momentos cruciais,
E que muito se discutem,
Até porque repercutem
Nos momentos atuais.

Em mil novecentos e
Oitenta e sete, aos lares
Do Brasil mais uma obra
Com textos peculiares
Chegou querendo ficar,
Ou para nos informar
Sobre festas populares.

Contendo na capa "Festas
Populares no Brasil",
Com textos fáceis mostrando,
De modo claro e sutil,
A grande diversidade
E a religiosidade
Do nosso povo gentil.

Em noventa e quatro, quando
Havia grande barulho
No mundo, Lélia morreu
Num fatídico dez de julho.
Calou-se importante voz,
Que foi, para todos nós,
Uma alegria, um orgulho.

Seu importante legado,
Sua decente elegância,
Seu tino para a pesquisa,
Sua forte militância,
Sua cultura também,
Tudo isso teve e tem
Para nós muita importância.

Luísa Mahim

LUÍSA MAHIM

Para falar de Luísa
Mahim, eu acho custoso
Se não mencionar primeiro
Seu filho, o muito famoso
Luiz Gama, um ativista,
Um grande abolicionista
E advogado engenhoso.

Escravo até completar
Dezessete anos de idade,
Não teve chance de entrar
Em uma universidade,
Mas conseguiu estudar
Sozinho, para lutar
Por respeito e igualdade.

Foi advogado prático,
De muito conhecimento.
Autodidata, mostrou
Possuir grande talento
E ser dos mais preparados.
Com os irmãos escravizados
Tinha comprometimento.

Foi também poeta bom,
Redator e jornalista,
Empresário, professor,
E como abolicionista
Conseguiu a alforria
De muitos, o que dizia
Ser sua grande conquista.

Mas não vou aqui contar
Sua história até o fim.
Ela tem muita importância,
Mas neste momento vim
Falar do grande valor
Dessa mulher que tem por
Nome Luísa Mahim.

Sobre seu filho brilhante
Escreverei outro dia,
Pois acho que vale a pena
Falar sobre a utopia,
Seu vasto conhecimento,
Sua luta, seu talento
E a causa que defendia.

Pois bem! Luísa Mahim
Nasceu na Costa da Mina,
Na região africana,
Porém teve a triste sina
De dali ser arrancada
Para ser escravizada
No Brasil (inda menina).

E o que se sabe é que muito
Mais tarde, já na cidade
De Salvador, conseguiu
Comprar sua liberdade,
E larga porta se abriu.
Mesmo assim não conseguiu
Viver com tranquilidade.

LUÍSA MAHIM

Passou por muitos percalços
No tempo da juventude;
Mas tinha perseverança,
Inteligência e saúde.
E na dura caminhada
Dizia de alma lavada:
"Esse mundo muito ilude".

Ateia não era. Tinha
Cabeça tranquila e sã,
E no Brasil fez de tudo
Para se manter pagã,
Respeitar as diferenças,
Mas não aderir às crenças
Nem à doutrina cristã.

Isso é muito natural,
Porque todo mundo tem
Direito de ter a crença
Ou a fé que lhe convém,
Um partido, um sindicato,
Mas sem pôr fé em boato
Nem deixar de ser do bem.

E permaneceu na dela;
Simples, prestativa, humana
E generosa, fiel
À tradição muçulmana
Por ela bem conhecida,
Junto com ela trazida
Da região africana.

Mulheres negras inspiradoras

Então foi ser quituteira
Na bonita Salvador
De um povo bonito e bom,
Honesto e trabalhador,
Desapegado e festeiro,
Como todo brasileiro
De todo e qualquer setor.

Era o ano mil oitocentos
E trinta e cinco. O Brasil,
Profundamente racista,
Escravocrata e hostil,
A passos lentos andava,
Enquanto o governo achava
Que o povão era imbecil.

Por esse tempo, Luísa
Mahim por mais de uma vez
Foi líder de movimentos
Populares, muito fez,
Manteve o sereno tom
E esteve envolvida com
A Revolta dos Malês.

Dois anos depois, a vida
Deu outra leve guinada,
Pois eclodiu na Bahia
Uma tal de Sabinada,
Movimento dos mais fortes,
Com lutas, prisões e mortes,
Medo e gente deportada.

Luísa Mahim

LUÍSA MAHIM

Para não ser presa, o jeito
Foi agir muito ligeiro,
Abandonar a Bahia
E ir atrás de um paradeiro.
Ao ver o nó apertar,
O jeito foi se mudar
Para o Rio de Janeiro.

Em mil oitocentos e
Trinta e oito, aconteceu
Mais uma coisa importante
Que a gente não esqueceu,
E alguém até polemiza.
É que, no Rio, Luísa
Mahim desapareceu.

O seu destino talvez
Tenha sido o continente
Africano, e Luiz Gama,
Seu filho bom e prudente,
Assim que se equilibrou,
Foi mais um que a procurou
Por aí, danadamente.

Mais tarde, o mesmo Luiz
Escreveu carta comprida
A um amigo seu, falando
Sobre sua mãe querida,
Meiga, dedicada e bela,
Se queixando porque ela
Sumira, estava perdida.

E ele dizia que sua
Mãe era mulher altiva,
Que era baixa de estatura,
Insofrida, positiva,
Amável, laboriosa,
Lutadora, geniosa,
Sonhadora e impulsiva.

Dizia mais Luiz Gama:
"Mamãe Luísa Mahim
Era magra, tinha dentes
Tão brancos quanto o marfim.
Linda, de um preto retinto,
E eu muito padeço e sinto
Não a ter perto de mim".

Por fim disse Luiz Gama
Que, enquanto viveu, tentou
Encontrar a sua mãe,
Mesmo assim não encontrou.
Sepultou as esperanças
Para viver de lembranças,
Até que se sepultou.

Cabe ressaltar que tanto
Luísa quanto Luiz
Quiseram um Brasil melhor,
Mais bonito e mais feliz.
Li sobre os dois e gostei,
E esclareço, me alegrei
Com estes versos que fiz.

LUÍSA MAHIM

Isso porque mãe e filho
Tiveram cumplicidade,
Mesmo de longe, curtindo
Desilusão e saudade.
Mas não se desesperaram
E a vida inteira lutaram
Por paz e por liberdade.

MÃE MENININHA DO GANTOIS

MÃE MENININHA DO GANTOIS

Foi Maria Escolástica Conceição
Uma ialorixá e mãe de santo.
Logo viu sua fama crescer tanto
Que ganhou a maior repercussão.
Quem pratica a fiel religião
Sabe o quanto essa crença está de pé,
O poder de Orubá fala de axé,
Salvador a chamava de rainha.
Na Bahia lembrar Mãe Menininha
É motivo de amor, capricho e fé.

Um Terreiro melhor não haverá
Pra louvar nesse ritmo de Evangelho,
Casa Branca ou então Engenho Velho,
Bom começo que a gente lembrará.
Cada dia relembra um orixá
Para um povo que sabe o seu valor.
Seu trabalho tem nome de amor,
Onde não é negado um só pedido.
Menininha, foi esse o apelido
Que a avó deu a ela em Salvador.

Jorge Amado, escritor de qualidade,
Teve mesmo por ela um grande apreço.
Disse assim: "Outra igual eu não conheço
Dentre as muitas mulheres da cidade".
Aos noventa e dois anos de idade,
Despediu-se das terras da Bahia.
O Brasil, que também já conhecia
Sua fama, seu gosto e seu passado,
Lamentou o final desse reinado,
Desse dom, dessa paz, dessa alegria.

MÃE MENININHA DO GANTOIS

Responsável, amiga e conselheira
De escritores de famas imortais,
De Bethânia a Vinicius de Morais,
Até Zélia Gatai, outra bandeira.
Na Bahia a maior e a primeira
A ganhar muitas vezes nota mil.
Por ser mãe tão fiel, pura e gentil,
Pela gente do povo muito amada,
Foi a filha de Oxum considerada
A maior mãe de santo do Brasil.

Protegida por nossos africanos,
Foi nascida num dez de fevereiro.
Desde cedo cuidou do seu terreiro
Para dar mais que orgulho aos seus baianos.
Com cuidado traçou certeiros planos,
Sem fugir do mais puro sincretismo,
Demonstrou todo o seu patriotismo,
No seu mundo jamais esteve só,
Ajudada por sua tia-avó
Mãe Pulxéria, a madrinha de batismo.

Salvador nunca vai sair de linha.
Conservando a história do axé,
De Oxum, de Nagô, do candomblé...
Ninguém vai esquecer Mãe Menininha.
Atuava no bairro Barroquinha,
Com capricho, saúde, amor e paz.
Respeitando o valor dos seus iguais,
No terreiro foi se fortalecendo,
Muito atenta, e aos poucos recebendo
Os saberes dos grandes orixás.

MÃE MENININHA DO GANTOIS

Foi alívio pra muitos corações;
Ajudando foi sempre abençoada.
Foi durante bom tempo procurada
Pra conselhos e orientações.
Muitas vezes prestou informações,
Foi alívio de dores e de ais.
Conservando o amor dos ancestrais,
Foi fiel, singular, calma e precisa
E é ainda fonte de pesquisa
Para artistas e intelectuais.

Deu conselhos a guardas e prefeitos,
Sacristãos, padres, bispos, cardeais,
Cabos, agricultores, generais
E aos que não conheciam os seus direitos;
Aos sem-teto e aos muito satisfeitos,
E aos que andavam sem rumo e com preguiça.
Se a mulher se mostrava submissa,
Resmungava e dizia: "Ajeite a cara!"
Aos domingos tirava um tempo para
Relaxar, gargalhar e ir à missa.

Mas num dia qualquer Mãe Menininha
Resolveu se casar com um estrangeiro,
Que se tornou seu grande companheiro,
Dividindo com ela o bem que tinha.
Menininha não quis viver sozinha,
Entretanto continuou morando
No terreiro, o seu lar, porém brilhando
Como as luzes da mais brilhante estrela,
E o marido, tão bom, só ia vê-la
Quando estava de fato precisando.

Desse enlace nasceram duas filhas,
Que cresceram tranquilas no terreiro,
Ali mesmo encontraram paradeiro
E aprenderam bem cedo as mesmas trilhas.
Para a mãe foram duas maravilhas;
No terreiro, a sequência de um trabalho.
Sou poeta e humano, também falho,
Mas preciso dizer: Mãe Menininha
Ajudava o carente que não tinha
Alimento, saúde e agasalho.

Muito bem, pensei muito e resolvi
Neste texto exaltar Mãe Menininha,
Porque faz algum tempo que eu já vinha
Com vontade, e notando aqui e ali
Preconceito, fofoca e mimimi,
Distorção sem nenhum embasamento.
Mas aqui quero usar forte argumento,
Algo que nunca foi questão de fé:
Esclareço que preconceito é
Comum por falta de conhecimento.

Maria Felipa de Oliveira

Em mil oitocentos e
Vinte e dois, aconteceu
No Brasil a independência,
O que a muitos surpreendeu.
No interior, muita gente
Ao saber não entendeu.

Ou entendeu, mas não quis
Aceitar a autonomia,
Ou essa separação
Do Brasil, porque vivia
Se aproveitando de tudo
Que Portugal produzia.

Ou não produzia, pois
Portugal só nos sugava.
Carregava o nosso ouro
E tudo que a terra dava.
Com o fim da mamata, muita
Gente andou ficando brava,

De modo que foi preciso
Muito tempo e paciência
Para o Brasil assumir
A real independência,
Sendo inevitáveis lances
De fadiga e violência.

A Bahia, por exemplo,
Demorou quase dez meses
Lutando contra o sistema,
Combatendo muitas vezes,
Fazendo de tudo para
Expulsar os portugueses.

Alguns homens importantes
Depressa se destacaram,
Criaram situações,
Se rebelaram, lutaram,
Mas houve também mulheres
Fortes que se organizaram

E que foram decisivas
Nessa importante matéria.
Por isso é que aqui preciso
Citar Maria Quitéria,
Mais a grande Joana Angélica,
Que enfrentou aflição séria.

Essas duas eram brancas,
Logo se sobressaíram,
Como as que aqui não citei,
Mas muito contribuíram,
E os negros, fundamentais,
Mas que muito poucos viram.

É claro que a maioria
Nessa pesada empreitada
Era de homens astutos,
Gente muito preparada.
A presença feminina
Foi pouco valorizada.

E tinha ainda Ana Nery,
Que empinava a mesma pipa,
Dizendo: "Mulher também
Se defende e participa".
Mas agora vou falar
Sobre Maria Felipa.

Mulheres negras inspiradoras

Uma linda negra que,
Por ter sido escravizada,
Mesmo tendo sido útil
Naquela dura empreitada,
No Brasil inda racista
Foi sempre discriminada.

Nasceu escrava. Depois
De liberta colocou
A liberdade a serviço
Da vida, se preparou:
Expôs as suas ideias,
Se impôs e não fracassou.

Na Ilha de Itaparica,
Construiu sua trincheira.
Trabalhadora braçal,
Pescadora e marisqueira
Que muito bem dominava
A arte da capoeira.

Lutava porque gostava
E para se defender.
Mariscava porque era
Preciso sobreviver,
E os peixes que conseguia
Eram mais para vender.

Conseguiu liderar mais
De duzentos competentes
Homens e mulheres vindos
De etnias diferentes
Para defender aquela
Causa com unhas e dentes.

Maria Felipa de Oliveira

Maria Felipa de Oliveira

Esse povo despojado,
Ao dizer "conte comigo",
Todo dia e toda noite
Espreitava o inimigo.
E se punha alerta para
Caso viesse o perigo.

Todos então vigiavam
Aquela curta fronteira
Para o caso de avistarem
Embarcação estrangeira,
Mostrar como se defende
Um povo e uma bandeira.

Além disso, muitas vezes
Felipa, na companhia
De outras mulheres valentes,
Arranjava o que podia
De alimentos e mandava
Para o sertão da Bahia.

Pois ali muitas famílias
Carentes necessitavam
Da ajuda e dos alimentos
Que essas mulheres mandavam.
E era com muita ansiedade
Que, todo mês, esperavam.

Mas Felipa não estava
Totalmente satisfeita
Na função de retaguarda,
Muito embora muito aceita.
E pensou: "O que está torto
Algum dia se endireita".

Ficou sabendo que mais
De quarenta embarcações
Repletas de portugueses
De diversas regiões
Estavam chegando para
Perigosas incursões.

Convocou muitas mulheres,
Mostrou-se mais cautelosa,
Traçou planos e falou
Da aventura perigosa:
"Vamos dar aos portugueses
Recepção calorosa".

Vestiu as mulheres de
Modo muito sensual,
Atraiu a soldadesca,
Levou para um matagal,
E em seguida executou
Plano certeiro e fatal.

Deixaram os homens pelados,
Imóveis, sem reação,
Depois lhes deram uma surra
Com galhos de cansanção,
Enquanto outro grupo punha
Fogo em cada embarcação.

Cansanção é uma planta
Que causa profundo ardor
Na pele, deixando o corpo
Vermelho como uma flor.
Nem é preciso dizer
Que o grupo foi vencedor.

MARIA FELIPA DE OLIVEIRA

Essa ação foi decisiva
Para a tranquila vitória
Sobre a malta portuguesa
Em Salvador (uma glória).
E fez Maria Felipa
Entrar de vez para a história.

Isso aconteceu no dia
Dois de julho, em vinte e três,
Mas do século dezenove,
Na Bahia, e tudo fez
Felipa ser aplaudida
No Brasil mais de uma vez.

Felipa continuou
Sua trajetória rica.
Morreu em setenta e três,
Na Ilha de Itaparica.
Mostrou que o conjunto das
Boas ações é o que fica.

E aqui fico. Estou feliz
Por ter podido mostrar
Maria Felipa de
Oliveira, a popular
Líder pescadora que
Há de sempre me inspirar.

Maria Firmina dos Reis

Maria Firmina dos Reis

Para mim, escrever sobre
Essas grandes brasileiras,
Negras revolucionárias,
Heroínas verdadeiras,
Mulheres fundamentais,
É como transpor as mais
Interessantes fronteiras.

É que a mulher no passado
Foi muito discriminada.
Se ela fosse preta e pobre,
Ficava a carga pesada,
Complexa a situação.
Isso requer atenção,
E ainda me desagrada.

Mulher é pra ser tratada
Com elegância e respeito.
Violência, intolerância,
E esse tal de preconceito
São coisas que me aborrecem,
Me incomodam, me entristecem...
Eu vejo, mas não aceito.

Mas essas mulheres negras
Sobre as quais eu tenho escrito
Superaram preconceito,
Viveram mais de um conflito;
Sofreram, se superaram
E, com certeza, deixaram
O Brasil bem mais bonito.

Mas ultimamente tem
Havido alguma mudança
No comportamento humano,
E ainda resta esperança.
Hoje vemos mais respeito,
Mais paz, mais amor, mais jeito
E muito mais segurança.

Agora você calcule
Isso há uns cento e cinquenta
Ou mesmo duzentos anos,
Quando a elite sedenta
Fazia e acontecia,
Se impunha e enriquecia
Da forma mais violenta!...

Depois desta introdução,
Regular e repentina,
Começo a falar da grande
Mulher Maria Firmina
Dos Reis, uma professora
Primária, além de escritora,
Musicista e nordestina.

Em mil oitocentos e
Vinte e dois, em São Luís.
Nasceu, a onze de março,
Conforme a história diz.
Depois de sonhos e planos,
Aos noventa e cinco anos
Morreu, cega e infeliz.

MARIA FIRMINA DOS REIS

Aparentemente frágil,
Era negra despachada,
De fala serena... Filha
De uma escrava alforriada.
E, embora sendo carente,
Construiu serenamente
Uma importante jornada.

Quando tinha vinte e dois
Anos de idade, passou
Num concurso concorrido,
E em seguida começou
A dar aulas, progrediu,
E dessa escola saiu
Depois que se aposentou.

Fundou uma escola logo
Depois de se aposentar,
No lugar Maçaricó,
A fim de alfabetizar
Os que até a ela vinham,
E até mesmo os que não tinham
Condições de lhe pagar.

Mas isso perturbou parte
Da sociedade zangada,
Que com o sucesso dos outros
Às vezes se desagrada.
Em mais ou menos dois anos,
Viu frustrados os seus planos,
E a escolinha foi fechada.

Naquele tempo, os políticos,
Repletos de preconceitos,
Quando viam um pobre inculto,
Gargalhavam satisfeitos.
Um povo sem instrução,
Ou sem educação, não
Vai atrás de seus direitos.

Tida como "mestre-régia",
Um título que recebeu
Quando aflorou seu talento
E o povo reconheceu,
Ganhou respaldo, vantagens,
Paparicos e homenagens,
Mas nunca se envaideceu.

Escreveu vários artigos
Para diversos jornais,
Produziu contos, novelas,
Composições musicais,
Sem desperdiçar as chances
De escrever alguns romances
Com temas essenciais.

O seu romance "Gupeva",
Primeiro na minha lista,
Muito avançado, contém
Caráter nacionalista.
"Úrsula", na medida exata,
Claramente nos relata
Um tema abolicionista.

MARIA FIRMINA DOS REIS

Além desses dois romances,
É importante citar
Seu livro de poesia,
Que faz a gente pensar
Depois de cada capítulo
Ou poema. E tem o título
De "Cantos à beira-mar".

Deixou também "A escrava"
E "Hino à libertação
Dos escravos", mais "Rosinha",
Uma importante canção
Que o Maranhão não esquece.
Além disso, reconhece
"Canto de recordação".

Deixou mais obras escritas,
Pois era boa escritora,
Competente, criativa
E grande pesquisadora.
Vibrava quando escrevia,
Mas acho que se sentia
Melhor como professora.

Publicar "Úrsula" foi
Uma importante conquista.
Considerado o primeiro
Romance abolicionista,
Fala de saudade, amor,
Liberdade... E do terror
De um regime escravagista.

Segundo vasta pesquisa
Sobre o seu rico perfil,
Maria Firmina foi,
De modo muito sutil,
Dedicada e detalhista
E a primeira romancista
Negra e pobre do Brasil.

Sua história com certeza
Emociona e convence.
Teve que usar pseudônimo,
Causando certo suspense.
Nesses tempos esquisitos,
Botava nos seus escritos
Somente "Uma maranhense".

Residiu no continente,
Mas também no litoral.
São José dos Guimarães
Deu-lhe condições e aval
Para grandes discussões
E muitas anotações
Sobre a tradição oral.

Já li, e acho que "Úrsula"
É de grande envergadura.
Depois de redescoberto,
Tem tido muita procura.
Não é obrinha simplória,
Mas fundamental na história
Da nossa literatura.

Maria Firmina dos Reis

Quanto a Maria Firmina
E outras mulheres que cito,
Ou tenho citado nestes
Cordéis nos quais acredito,
Digo que me inspirei nelas,
E o Brasil, por causa delas,
Ficou muito mais bonito.

MARIELLE FRANCO

Hoje a violência está
Presente em muitos lugares,
Causando muitos transtornos,
Destruindo muitos lares,
Abrindo muitas feridas,
Assolando muitas vidas,
Gerando muitos pesares.

Se bem que, desde o começo
Da fascinante existência,
O ser humano, talvez
Por falta de competência,
Ou pela fragilidade,
Em qualquer localidade
Convive com violência.

Tivemos guerras compridas,
Sanguinários ditadores,
Coronéis escravocratas,
Grupos exterminadores,
Organizações danosas
E inteligências maldosas
Plantando cenas de horrores.

No Brasil, ainda temos
Mais de uma milícia armada,
Perigosas facções
E a pobreza desolada.
Mas quero falar agora
De uma importante senhora
Que morreu assassinada.

Seu nome era Marielle
Francisco da Silva, e tinha
Total compromisso com
O povo pobre que vinha
Lutando muito e sofrendo,
Ou até mesmo vivendo
Uma vidinha mesquinha.

Ficou muito conhecida
Como Marielle Franco.
Respeitava homo, hetero,
Gordo, magro, preto e branco,
O rico e o pobrezinho,
Destravancando o caminho
Que às vezes não destravanco.

Então você me pergunta:
"Mas como destravancava?"
Eu lhe respondo: É que ela
Desde cedo conversava
Com o povo da freguesia
E muito bem conhecia
O terreno onde pisava.

Nasceu em mil novecentos
E setenta e nove, dia
Vinte e sete, mês de julho,
Para ser a harmonia
De quem a estava esperando,
E terminou completando
Da família a alegria.

MARIELLE FRANCO

O Rio de Janeiro é
Uma das lindas cidades
Do lindo Brasil com quem
Eu tenho afinidades,
Pois nunca me desgostou.
Ali Marielle enfrentou
Algumas dificuldades.

Começou a trabalhar
Ainda na adolescência,
Para ganhar uns trocados,
Suprir alguma carência,
Viver com tranquilidade,
Pagar a universidade
E ter uma referência.

Querendo ser socióloga,
Entrou na PUC do Rio.
Nas ruas viu o burguês
Sendo frio ou arredio,
Num gesto não muito nobre.
Para aquela preta e pobre,
Foi gigante o desafio.

Em dois mil e dezessete,
Já filiada a um Partido,
Resolveu candidatar-se,
Depois de ter decidido
Tornar-se vereadora.
Não teve mão protetora
Nem viu seu sonho perdido.

Durante a campanha pobre,
Muita coisa aconteceu.
Um que era fraco subiu;
Um que era forte desceu.
Outro plantou retrocesso,
Mas no final do processo
Marielle se elegeu.

Entrou dois mil e dezoito
E assumiu a vereança,
Depois de selar com o povo
Carente forte aliança,
Desejosa de crescer
Mais comprometida e ser
De muitos grande esperança.

Na verdade ela já era
De muitos a referência,
A esperança de um mundo
Melhor, com menos carência,
Mais trabalho, mais brinquedo,
Mais escola, menos medo,
Mais paz e menos violência.

Tudo isso muitas vezes
Incomoda muita gente,
Principalmente a elite
Mercenária e prepotente
Que quer ganhar mais espaço
E a custa de estardalhaço
Retira o que tem na frente.

E, enquanto brilhava como
Presente vereadora,
Pronta para concorrer
E se eleger senadora,
A turma do mal agia.
Por quê? Porque não queria
Marielle vencedora.

Tudo estava muito bem,
Mas, depois de muitos giros,
Projetos em andamento,
Sonhos, planos e suspiros,
Isso em dois mil e dezoito,
Um sujeito mau e afoito
Lhe disparou treze tiros.

Era um quatorze de março,
E ali foram cerceados
Para sempre os seus direitos,
Nos deixando contristados.
Marielle e Anderson Gomes,
Seu motorista, dois nomes,
Dois destinos cancelados.

Dez dias antes de ser
Brutalmente assassinada,
E o pior, covardemente,
Porque foi numa emboscada,
Marielle discursou,
E esse discurso deixou
Muita gente incomodada.

É que ela, no seu discurso,
Falava das minorias,
Especialmente dos medos,
Abandonos, agonias,
Descasos e dissabores
Dos diversos moradores
Das grandes periferias.

Passado algum tempo desse
Atentado sem motivo,
O caso é notícia ainda,
E hoje o grande objetivo
É continuar lutando
Por justiça, procurando
Manter seu legado vivo.

E aqui foi só um resumo
De uma mulher que brilhou,
Que fez um lindo trabalho
E que muito me inspirou.
Favelada, preta e pobre,
Que tinha um coração nobre,
Mas que alguém assassinou.

Rassan e Karen, um amor que veio da África

Rassan e Karen nasceram
Na região africana.
Os dois, alegres e livres,
Passavam o dia, a semana...
Todo o tempo observando
As belezas da savana.

Os pais dos dois residiam
Na mesma comunidade.
Eram fiéis companheiros,
Amantes da liberdade,
Parceiros nas brincadeiras
E até na cumplicidade.

E aqueles jovens cresceram
Tendo os mesmos benefícios,
Esbanjando entendimento,
Evitando desperdícios,
Sem saber que enfrentariam
Os maiores sacrifícios.

Mas tratarei sobre isso
Um pouco mais adiante.
Por enquanto, vou falar
Do viver emocionante
Do casal Rassan e Karen
Nessa terra fascinante.

Desde pequenos, os dois
Gostavam muito de ir
Até o rio ali perto,
Onde podiam cair
Na correnteza, nadar,
Pescar e se divertir.

E não se cansavam das
Divertidas brincadeiras,
Que eram muitas (e saudáveis),
Naturais e corriqueiras,
Desde olhar as borboletas
Até subir nas fruteiras.

Outras coisas que as crianças
Daquele lindo lugar
Apreciavam fazer
Pra ver o tempo passar
Sem mais preocupações
Eram cantar e dançar.

E foram absorvendo
Ali cada brincadeira,
Compartilhando, aprendendo,
E de forma prazenteira
Foram os dois introduzidos
À arte da capoeira.

Como assim, se a capoeira
Nasceu aqui no Brasil?
Sim, mas indiretamente,
De modo muito sutil,
Era cultura daquele
Povo de lindo perfil.

Tinham saúde e molejo,
E Karen ganhou destaque
Tocando um lindo instrumento,
O poderoso atabaque.
Já Rassan no berimbau
Se tornou um grande craque.

Essa tão bonita arte
Ele aprendeu com o avô,
Que contava histórias, era
Conhecido por *griô*.
Mas, além de berimbau,
Rassan tocava agogô.

Tocava mais instrumentos,
E, a cada novo sarau,
Ou reunião, ou roda,
Ou contação, ou luau,
Rassan recebia aplausos
Por causa do berimbau.

Aquela batida forte,
Aquele ritmo perfeito,
Quem escutasse ficava
Pensativo, satisfeito,
Pois as notas produziam
O mais poderoso efeito.

Mas Karen e Rassan cresceram,
Deixaram de ser crianças,
Se apaixonaram, fizeram
Por ali muita andanças,
Pensaram novos projetos,
Sonhos, planos e esperanças.

Aquela paixão sem conta
Parecia não ter fim.
Aquele amor sem limites
Fez alguém pensar assim:
"Os dois parecem dois anjos
Num celestial jardim".

RASSAN E KAREN, UM AMOR QUE VEIO DA ÁFRICA

Mas um dia apareceu
Naquela comunidade
Uns homens gananciosos
Falando em prosperidade,
Fingindo bondade e sendo
O retrato da maldade.

E fizeram prisioneiros,
Além dos adolescentes,
Homens, mulheres, crianças,
Conhecidos e parentes,
Que foram neutralizados
Em poderosas correntes.

Mas eles priorizaram
Os que tinham juventude,
Braços bem estruturados,
Agilidade e saúde.
Não se interessaram por
Corpos em decrepitude.

E levaram os prisioneiros
Para o porão de um navio,
Com curta ventilação,
Fraca higiene, sombrio,
Alimentação regrada,
Pouca água e muito frio.

E sobre salobras águas,
Limpinhas, da cor de anil,
O navio deslizou
Guiado por gente hostil,
Através do oceano
Na direção do Brasil.

Com dois dias de viagem,
Estavam muito enfadados
No porão se debatendo,
Famintos, acorrentados,
Lamentando a triste sorte,
Sem os menores cuidados.

Ali se viam rapazes
Bastante jovens, herdeiros
De mil reinos ancestrais,
Esplendorosos guerreiros,
Caçadores de gazelas,
Brincantes e feiticeiros.

Havia homens capazes
De impressionantes façanhas,
Garotos que conheciam
Interessantes montanhas,
Mas agora reduzidos
À mais triste das campanhas.

Naquele porão infecto
Foram compridos os dias.
Ninguém para amenizar
As enormes agonias,
E todos tratados como
"Peças" ou mercadorias.

E indagavam: "Mas, por que
Estamos tão indefesos?
Que mal tão grande fizemos
Para estarmos aqui presos?
Aonde estão nos levando?
Suportaremos tais pesos?"

Rassan e Karen, um amor que veio da África

Entre suspiros e dores
Passou um dois, dois dias,
Dez dias, quinze, até mais,
Na maior das agonias.
Eram tardes calorentas
E noites tensas e frias.

A morte estava com eles,
Pois alguns adoeceram,
Sofreram muito, lutaram,
Mas, muito fracos, morreram.
Karen e Rassan, sempre juntos,
Por sorte sobreviveram.

E os dois choravam no meio
Daquela grande tristeza,
Recordando os anciãos,
As histórias... E a beleza
Do lugar onde viviam
Com alegria e leveza.

Rassan e Karen, que estavam
Calados, assim ficaram.
Claro que sofreram muito,
Mas não se desesperaram,
Confortaram os companheiros
E jamais se separaram.

E nesse enorme sufoco
Chegaram ao litoral
Brasileiro, num domingo
Ensolarado e fatal.
Levaram Karen e Rassan
Para distante local.

Ou para locais distantes,
Pois separaram os dois.
Um foi para Pernambuco,
E o outro, logo depois,
Foi para Minas Gerais,
E a vida se recompôs.

Aquela separação
Deixou Rassan abalado,
E Karen, muito tristonha,
Pois nunca tinha provado
A grande dor de viver
Distante do seu amado.

Os dois não tinham vivido
Tão penosa experiência:
A de viver separados,
Porém tiveram ciência
De que nessa vida tudo
Requer muita paciência.

Na senzala, Rassan teve
Contato com berimbau
E, quando não tinha um,
Apanhava arame e pau,
Construía o instrumento
E esquecia o tempo mau.

Na terra pernambucana,
Karen se estabeleceu
Como mucama, porém
Triste coisa aconteceu.
Sentiu tão grande saudade
Que por pouco não morreu.

Saudade de sua terra,
Onde podia se expor
Em liberdade, correr,
Brincar sem nenhum temor,
Sem imaginar que havia
No mundo um monstro opressor.

Outra saudade sem conta
Era a de Rassan, seu bem,
Sua paixão, seu amor,
Que estava já muito além.
Em Minas, Rassan pensava:
"Sem Karen, não sou ninguém".

O tempo passou. Um dia
De repente apareceu
Alguém que anunciou: "Karen,
O seu senhor a vendeu".
Com tão pesada notícia,
A mucama estremeceu.

E ela foi levada às terras
Da linda Minas Gerais,
De exuberantes montanhas,
Sobrepujantes currais,
Inspiradores caminhos
E imponentes cafezais.

Sem pressa, Karen levou
A vida no chão mineiro.
Uma vez, enquanto andava
Atravessando um terreiro
Perto dali, escutou
Bonito som de pandeiro.

Parou, prestou atenção
E sentiu no peito um baque
Ao perceber a harmonia
Entre agogô e atabaque.
Mas o som do berimbau
Teve especial destaque.

Otimizou a atenção
E disse: "Estou convencida
De que essa peculiar
E tão segura batida
Não é estranha. Ao contrário!
É por mim bem conhecida".

Colocou-se contra o vento
Para melhor escutar
E, ouvindo com mais cuidado
A maneira de tocar,
Balançou, pois o som era
Mesmo bem familiar.

Ao se aproximar da roda,
Sentiu no corpo um tremor,
Pois no berimbau estava
Rassan, seu único amor.
Sentiu-se mulher descrente
Nos braços do redentor.

Rassan, quando avistou Karen,
Quase teve um passamento.
Assustou-se, deu um grito,
Valorizou o instrumento,
E todos ali cantaram
Com maior contentamento.

RASSAN E KAREN, UM AMOR QUE VEIO DA ÁFRICA

Karen pegou o atabaque,
Rassan ficou muito aflito
E disse: "Deus, obrigado!
Nem mesmo sei se acredito".
A percussão falou alto,
Todos cantaram bonito.

Ruth de Souza

Já foi dito por aí,
Mas outra vez vou dizer
Que, nessa estrada comprida,
O que gosto de fazer
Neste instante estou fazendo.
E vou continuar sendo
Poeta enquanto viver.

Na longa estrada da vida,
Sei que um dia terei fim,
Porque todo mundo tem,
A vida foi sempre assim.
Mas prometo me esforçar
Pra não decepcionar
Quem muito gosta de mim.

A vida é um vai e vem,
E o poeta às vezes ousa,
Seu pensamento viaja,
Vai muito longe e repousa.
Meus versos não cessarão,
E eles agora serão
Para a atriz Ruth de Souza.

Nascida em mil novecentos
E vinte e um, no Engenho
De Dentro, um bairro do Rio
De Janeiro, por quem tenho
Muito apreço e divulgando,
Visitando e exaltando
Há muitos anos eu venho.

Ainda muito pequena,
Acompanhando os seus pais,
Teve a experiência de
Morar em Minas Gerais.
Ali se desenvolveu,
Progrediu e aprendeu
As lições fundamentais.

Em Minas, Ruth de Souza,
Menina, fez o que quis
E, ao lado de dois irmãos,
Brincou muito e foi feliz.
Depois, já na adolescência,
Viu que tinha competência
Para se tornar atriz.

Isso aconteceu depois
Que ela voltou para o Rio.
Viu um filme no cinema
E sentiu um calafrio.
A partir daquele dia,
Foi atrás, mas não sabia
Que era grande o desafio.

Por causa da cor da pele,
Passou por dificuldades;
Porque vivia na mais
Racista das sociedades.
Mas Ruth não desistiu,
Não se aquietou e saiu
Atrás de oportunidades.

RUTH DE SOUZA

Primeiramente, entrou numa
Escola conceituada;
Estudou, mas não deixou
De ser desestimulada,
Mas pra isso não deu bola,
E dessa importante escola
Só saiu atriz formada.

Em quarenta e cinco, aquela
Até então só promessa
Interpretou uma escrava
Na sua primeira peça.
Muita gente a aplaudiu,
E Ruth, então, concluiu:
"É isso o que me interessa".

Muitos acharam aquele
Seu trabalho muito belo,
Muito embora sendo ainda
Algo bastante singelo.
Ruth se fortaleceu,
E em seguida conheceu
O negro ator, Grande Otelo.

Vieram os anos cinquenta,
Um tempo maravilhoso:
E mais peça, dessa vez
Com o grande Sérgio Cardoso,
Um muito querido ator,
Um grande empreendedor
De um projeto grandioso.

Ainda em cinquenta e um,
A já atriz consagrada
Fez o filme "Sinhá Moça",
E nessa nova empreitada
Mostrou tão bom conteúdo
Que foi, no final de tudo,
Justamente premiada.

Nesse interessante longa,
Ruth, quase uma menina,
Mas mulher muito madura,
Atuou com disciplina.
Foram grandes desafios,
Mas recebeu elogios
Ao interpretar Sabina.

Outro filme bom que a um bom
Passado me reconduz
É um que retrata a grande
Carolina de Jesus.
Ruth, sempre inspiradora,
Fez o papel da escritora,
Que é sempre fonte de luz.

Já falei de Carolina
Em outras ocasiões,
Porque gosto muito dela
E tenho as minhas razões.
Eu continuo aprendendo
E ela continua sendo
Uma das minhas paixões.

RUTH DE SOUZA

Tornou-se escritora, mas
Não sei se foi tão feliz;
Sei que amou, teve paixões,
Conforme a história diz
Nos seus livros bons que li.
Mas meus esforços aqui
São para falar da atriz.

Que em mil novecentos e
Sessenta e cinco chegou
A TV em sua vida,
O que muito a ajudou.
Pesquisando, descobri
Que foi na TV Tupi
Que essa história começou.

Trabalhou em vinte e cinco
Peças e trinta novelas
Na TV Record, na Globo,
Com destaque em todas elas.
Apesar do preconceito,
Ruth conquistou respeito
E abriu portas e janelas.

Foi a representação
Do talento e da magia,
Sendo que em todos os palcos
Atuou com galhardia
E sem timidez nenhuma.
Ruth de Souza foi uma
Diva da dramaturgia.

Mulheres negras inspiradoras

Em dois mil e dezenove,
A nossa grande atriz fez
A viagem derradeira,
Porque chegou sua vez.
Merece todo respeito,
Porque venceu preconceito,
Exclusão e estupidez,

Três coisas tristes que têm
Causado aborrecimento,
Desconforto, depressão,
Tristeza, constrangimento,
Medo, impaciência e dor.
E tudo acontece por
Falta de conhecimento.

Pois aquele que conhece
Não aceita preconceito,
Exercita a tolerância,
A elegância, o respeito,
O entendimento, a prudência,
O bom senso, a paciência,
O bom humor e o bom jeito.

Ruth Guimarães

Há pessoas em quem penso,
Reflito e fico vermelho.
São criaturas que servem
De referência e de espelho.
Moreira de Acopiara
Neste instante canta para
Ruth Guimarães Botelho.

Escritora talentosa,
Dona de grande conquista,
Ou conquistas, pois é muito
Comprida e bonita a lista
Dos estilos que escreveu.
Cresceu, mas não se esqueceu
De Cachoeira Paulista.

Cachoeira fica ali
Bem pertinho de Lorena,
Ao lado da Mantiqueira,
Serra de beleza plena,
Coladinha a Taubaté,
Uma região que é
Tão bonita quanto amena.

Por ali nasceu também
Outro cidadão exato,
Sensível e inteligente,
Articulado e pacato.
Falo do grande escritor
Caipira que tinha por
Nome Monteiro Lobato.

Ruth Guimarães

Mas Monteiro é outro caso,
Pois o foco aqui é dona
Ruth Guimarães Botelho,
Em quem eu peguei carona
No meu tempo de aspirante.
Sua história interessante
Ainda me emociona.

Nascida em mil novecentos
E vinte, a treze do mês
De junho, num lindo sítio
Do seu avô português,
Foi ali que se criou.
Aos dez anos publicou
Versos singelos que fez.

Isso mesmo! Começou
A escrever muito cedo
Porque descobriu que os versos
Traziam grande segredo:
Alegravam corações,
Otimizavam paixões
E abrandavam qualquer medo.

Essa paixão pelas letras,
Que estava só começando,
Em pouco tempo aumentou
E acabou somente quando
Ruth Guimarães partiu.
Mas o que ela produziu
Continua me atiçando.

Em trinta e oito, contando
Só dezoito anos de idade,
E já morando em São Paulo,
Entrou na universidade.
Foi uma aluna brilhante,
Conheceu gente importante,
Fez o que tinha vontade.

Ou fez o que era preciso,
Ou que andou muito à procura,
Pois caipira, negra e pobre,
Se não tiver estrutura,
Seja aqui, seja em Paris,
Não consegue ser feliz,
Ou seja, não se segura.

Dentro da USP ainda quis
Estudar dramaturgia,
Mas por esse mesmo tempo
Ruth também escrevia
Em diferentes lugares
Crônicas, contos populares,
Romance e boa poesia.

Conheceu por esse tempo
O grande Mário de Andrade,
O que ela considerou
A grande oportunidade
De crescer como escritora,
E como pesquisadora
Ganhar credibilidade.

Mário de Andrade, que nunca
Gostou de cultura externa,
Gostava das coisas nossas,
Sua obra foi eterna.
Ou é, e é bom conhecê-la.
Foi o responsável pela
Semana de Arte Moderna,

Importante movimento
Que há cem anos se discute.
Não vou falar do seu gosto,
Pois gosto não se discute,
Mas com seus versos me solto,
E neste momento volto
A falar de dona Ruth.

Em mil novecentos e
Quarenta e seis, estreou
Aqui como romancista,
Pois foi quando publicou
"Água Funda", o seu primeiro
Livro, bom e verdadeiro,
Um romance que agradou.

Para o lançamento, gente
Qualificada e famosa
Compareceu desejando
O livro, uma boa prosa...
Movimentou-se a imprensa,
E houve a marcante presença
De João Guimarães Rosa.

Eu mesmo gosto demais
Desse mineiro escritor,
Homem do povo, poeta,
Vaqueiro e bom contador
De interessantes histórias
Exaltadoras das glórias
Do povo do interior.

Ele era igualmente a Ruth,
Ou tinha as mesmas paixões.
Nas suas muitas andanças
Pelas muitas regiões,
Acompanhado ou sozinho,
Tinha sempre um caderninho
Pra fazer anotações.

Era muito perspicaz,
De tudo fazia história.
Por isso foi tão bonita
Sua longa trajetória,
Que até hoje repercute.
Mas volto a falar de Ruth
Guimarães e sua glória.

Seu segundo livro foi
Chamado "Filhos do Medo",
Ampla pesquisa folclórica
E um interessante enredo
Sobre histórias assombrosas
E cenas misteriosas
Que escutamos desde cedo.

Como professora, andou
Por importantes cidades;
Ensinou grego, francês,
Folclore e amenidades,
Psicologia também,
Mais literatura, em
Várias universidades.

Em resumo, andou por muitos
E concorridos locais.
Acreditava na força
Dos remédios naturais,
Tinha especial paixão
Pela garantida ação
Das plantas medicinais.

Caiu nas graças de muitos
E importantes escritores.
Em diferentes vertentes
Mostrou seus muitos valores.
Como escritora padrão,
Foi membro da União
Brasileira de Escritores.

Publicou quarenta livros,
Incluindo antologias,
Traduções do espanhol,
Do latim... Biografias...
E tudo fez muito bem,
Mas no teatro também
Viveu grandes alegrias.

Aposentada depois
De tão brilhante carreira,
Decidiu morar de novo
Na bonita Cachoeira
Paulista, o antigo lar,
Respirando o puro ar
Da Serra da Mantiqueira.

Essa linda serra fica
Na divisa dos estados
São Paulo, Minas e Rio,
Embelezando os três lados,
Ampla, fértil, imponente,
Atraente e pertinente,
Mas requer nossos cuidados.

Ali Ruth recebia
Amigos, pesquisadores,
Curiosos, ex-alunos,
Jornalistas, escritores,
Gente de várias escolas,
Pescadores, quilombolas,
Caipiras e sonhadores.

Concluiu a mais completa
Pesquisa sobre um sujeito
Que tem o nome de Pedro
Malasartes, que eu respeito
E o brasileiro precisa.
Depois que li tal pesquisa,
Fiquei muito satisfeito.

Passou cinquenta e um anos
Casada com um jornalista
Primo seu, que era também
Dedicado retratista
De fortes credenciais.
Ter nove filhos foi mais
Uma importante conquista.

Tem uma frase de Ruth,
Linda, que muito me inspira:
"Na vida sofri três vezes,
Quero que você confira,
Mas não tome como dor.
Pois qualquer um sofre por
Ser mulher, negra e caipira".

Faleceu em vinte e um
De maio, do ano dois mil
E quatorze, o que deixou
Menos poético o Brasil.
Mas o tempo há de passar,
E muitos hão de lembrar
O seu marcante perfil.

É grande a lista dos seus
Livros que o povo inda lê,
E eu não vou citá-los neste
Pequeno espaço, porque
Quem bem pesquisa produz.
Mostrei somente uma luz,
O restante é com você.

Tereza de Benguela

Tereza de Benguela

Mais uma vez eu invoco
As musas reveladoras
E as forças da natureza,
A meu ver superioras.
Quero inspirações expressas
Pra falar muito mais dessas
Mulheres inspiradoras.

Li sobre Ruth de Souza
E contei a história dela.
Escrevi sobre Dandara,
Que muito inda me revela,
Que nos faz emocionar,
Mas agora vou falar
De Tereza de Benguela.

Ou melhor, vou escrever
Na linguagem do cordel,
Esse estilo muito simples,
E este tem sido o papel
Do poeta popular,
Que canta para espantar
A crise aguda e cruel.

Mas quero deixar bem claro
Que crise é coisa ruim,
E eu vivo muito bem com
Ela bem longe de mim,
Porque sei me defender.
Se acaso ela aparecer,
Depressa há de levar fim.

Aprendi desde pequeno
A manter a autoestima
Sempre elevada, cuidar
De preparar bem o clima,
Sem medo, sem rebuliço,
Com calma, pois tudo isso
É o que bem me legitima.

Confesso que para mim
É grande contentamento
Falar sobre essas mulheres.
Mas eu não sei cem por cento
Onde Tereza nasceu.
Pouca gente conheceu
Seu local de nascimento.

Ela pode ter nascido
No continente africano,
Ou mesmo aqui no Brasil,
Não se sabe bem o ano.
Mas digo, sem ser afoito,
Que foi no século dezoito,
Na metade, salvo engano.

Mas sua vida faz parte
Da história pouco contada
Do Brasil escravagista,
Ou de uma gente explorada.
Gente que aqui aportou,
Sofreu muito e trabalhou
Em troca de quase nada.

TEREZA DE BENGUELA

Ou a troco de ração,
Desprezos e humilhações.
Mas essa gente nos trouxe
Saberes e tradições,
A cultura, a culinária,
A força extraordinária
E muitas outras paixões.

Foi exatamente o caso
De Tereza de Benguela,
Que chegou a Mato Grosso,
Claro que tendo cautela,
Viveu adversidades,
E para as dificuldades
Da vida nunca deu trela.

Em Mato Grosso ela disse:
"Este lugar eu escolho,
Pois ele é muito bonito,
E é nele que me recolho".
Sem opressão e sem fome,
Esse lugar tinha o nome
De Quilombo do Piolho.

Piolho era apelido
De seu marido, o José,
Que chefiava o lugar,
Com jeito, alegria e fé.
Tereza e José Piolho
Ali viviam de olho
Na vida como ela é.

Ou era naquele tempo
De um Brasil em formação,
Com muitos vivendo em
Regime de escravidão,
Os ricos mal procedendo
E muitos negros sofrendo
E atrás de libertação.

Muitos escravos fugiam
Para tranquilos lugares.
Quilombos foram formados,
E ali havia bons ares
E o negro era respeitado.
Quem é que não está lembrado
Do Quilombo dos Palmares?

Dezenas de outros quilombos
Por aí foram formados,
Acolhendo muitos negros
Que vinham de muitos lados,
Com muita dificuldade,
Desejando liberdade
Ou direitos respeitados.

O Quilombo do Piolho
Também não ficou atrás.
Resistiu à escravidão
Por vinte anos ou mais.
Ali o negro vivia
Com liberdade, alegria,
Segurança, amor e paz.

Mas José Piolho foi
De repente assassinado.
A partir de então, Tereza,
Vendo o final de um reinado,
Não perdeu a esperança,
Assumiu a liderança
E deu conta do recado.

E passou a comandar
Cento e tantos homens bravos,
Entre eles negros e indígenas.
E ela fez uns alinhavos
Que todos viveram bem,
Trabalhando muito e sem
Perseguições nem agravos.

Neste ponto é necessário
Que eu deixe bem claro que
O Quilombo do Piolho
Se chamou Quariterê
No tempo de seu José.
Digo isso porque é
O que o bom senso prevê.

Tereza ali recebia
Tratamento especial.
Sempre tinha um barco feito
De maneira artesanal,
Mas de sobrada imponência,
Para cruzar, com decência,
Os rios do Pantanal.

O sucesso do lugar
Incomodou a elite,
Principalmente o governo,
Que com feroz apetite
Promoveu perseguição,
Querendo a destruição,
Muito acima do limite.

Tereza então preparou
Aparato de defesa,
Num chão de difícil acesso,
Lugar de extrema beleza
Que todos apreciavam.
E com respeito a tratavam
Como "Rainha Tereza".

Ali as muitas famílias
Viviam da produção
De mandioca, banana,
Mamão, laranja, algodão
E tudo quanto é semente.
E vendiam o excedente
Nas feiras da região.

Trocavam armas com os brancos,
Compravam na freguesia,
Além do que dominavam
A arte da forjaria.
E vários dos elementos
Fabricavam os instrumentos
Usados no dia a dia.

TEREZA DE BENGUELA

Eles eram bons também
No sacolejo da roca
E do tear, como quem
Na arte não se equivoca.
Produziam bons tecidos,
Que eram sempre oferecidos
Como objeto de troca.

O governo federal,
Avesso àquele progresso,
Ao ver os negros felizes,
De raiva ficou possesso.
E declarou com franqueza:
"Quero o fim dessa Tereza,
E logo, senão me estresso".

Na verdade, essa palavra
Talvez nem tivesse sido
Inventada, mas foi dito
Algo bem nesse sentido.
O governo se afobou,
Se enfureceu porque achou
Aquele povo metido.

Por volta do ano mil
Setecentos e setenta,
Ali chegou uma gente
Bem armada e truculenta.
Depois de luta acirrada,
Foi Tereza assassinada
De maneira violenta.

Mais uma grande injustiça
No Brasil foi cometida,
Pois houve nesse conjunto
Estupidez descabida.
Mas a sonhada igualdade
Na nossa sociedade
Será sempre perseguida.

Todo vinte e cinco de
Julho é data especial,
Porque é oficialmente
O momento nacional
De Tereza de Benguela,
Rainha Negra, e aquela
Que reinou no Pantanal.

Sua grandeza inconteste,
Algo que muito admiro,
Faz com que o poeta dê
No mundo um saudável giro.
Por tudo que fez Tereza,
Eu digo aqui com franqueza:
Em gente assim eu me inspiro.

Tia Ciata

Neste momento a caneta
Que eu conduzo se desata,
Ou se solta na medida
Certeira, justa e exata,
Com tranquilidade rara,
Com muito respeito para
Falar de Tia Ciata.

Cito, para começar,
Seu nome completo: Hilária
Batista de Almeida, uma
Mulher extraordinária
Que a Bahia nos legou,
Que no Rio se tornou
Referência e necessária.

Nasceu em mil oitocentos
E cinquenta e quatro, com
Saúde e inteligência,
E trouxe consigo o dom
De assimilar os valores,
Incrementar os sabores
E amar o belo e o bom.

No Rio, como baiana,
Pôde mostrar os seus brilhos.
Escapou do preconceito,
Superou os empecilhos
Que a realidade trouxe,
Rapidamente casou-se
E teve quatorze filhos.

TIA CIATA

Outras baianas quiseram
Também cruzar o caminho
De Tia Ciata, todas
Vestidas com grande alinho.
Tratavam de mil assuntos
E dançavam de pés juntos
O tal samba miudinho.

Mãe de santo respeitada,
Essa grande brasileira
Também ficou conhecida
Como grande quituteira.
Tinha clientes fiéis
Para seus acarajés,
De onde tirava o da feira.

Sempre dentro de um bonito
Vestido tradicional,
Falante e bem humorada,
Com tino comercial,
Frequentemente alugava
Roupas que ela fabricava
Pensando no carnaval.

Sempre em sua casa as festas
Tinham grande animação.
Celebrando os orixás,
São Cosme e São Damião,
Nomes que a história adoça,
Além de São Jorge e Nossa
Senhora da Conceição.

Depois Ciata exaltava
Algo que até hoje exalto:
Era uma festa profana,
Regada a partido-alto;
Que era o samba improvisado,
Entre os morros consagrado
E praticado no asfalto.

E a Praça Onze, no Rio,
Foi durante muitos anos
Ponto de encontro de ex-
Escravos e de baianos.
Ali dançavam, cantavam,
Brincavam e espantavam
As dores e os desenganos.

Quem vinha à casa de Tia
Ciata não vinha à toa.
Além de ouvir boa música,
Comia comida boa.
O certo é que ela gostava,
E até por isso tratava
Muito bem cada pessoa.

Frequentavam sua casa,
Todo final de semana,
Heitor dos Prazeres, Donga,
Sinhô e João da Baiana,
E o maestro Pixinguinha,
Que toda semana vinha
Engrossar a caravana.

Tia Ciata

Você veja o grande nível
Do povo que frequentava
A casa dessa mulher
Que dançava, cozinhava,
Fazia roupas, vendia,
Cantava muito, acolhia,
Orientava e dançava.

Ali nasceu o primeiro
Samba, o muito conhecido
"Pelo Telefone", até
Hoje ouvido e aplaudido
E que nunca morrerá.
Daquele tempo pra cá,
O samba só tem crescido.

"Pelo Telefone" foi
Tocado a primeira vez
Diante de Tia Ciata
Em dois mil e dezesseis.
Em dois mil e dezessete,
Recebeu muito confete
Pelo sucesso que fez.

Com o passar do tempo, ali
Muita coisa aconteceu.
Na famosa Praça Onze,
O movimento cresceu,
Mas foi na casa da Tia
Ciata que um belo dia
O nosso samba nasceu

Ou se popularizou,
Pois dizem que na Bahia,
Há muitos e muitos anos,
O povo já conhecia
O lindo samba de roda,
Que estava sempre na moda
E o povo ainda aprecia.

Em mil novecentos e
Trinta e cinco, Pedro Ernesto,
Então prefeito do Rio
E um cidadão muito honesto,
Resolveu legalizar
As escolas do lugar,
Num muito importante gesto.

É das escolas de samba
Que eu aqui estou falando,
Que se popularizaram,
Foram se multiplicando,
Sambas bons aparecendo,
O movimento crescendo
E a população gostando.

E nos primeiros desfiles,
Conforme relata a história,
A Praça Onze era sempre
Parada obrigatória,
Pois era ali que morava
Tia Ciata, que estava,
Sem querer, cheia de glória.

Tia Ciata

Hoje os bonitos desfiles,
Acompanhando o progresso,
Estão mais sofisticados,
Só que foi lento o processo.
Mas a ala das baianas,
Com mulheres veteranas,
Sempre faz muito sucesso.

Todos aplaudem porque
Não é coisa caricata.
Os movimentos provocam
Reação imediata
Por causa do compromisso
De todos, e tudo isso
Graças a Tia Ciata,

Que morreu em vinte e quatro,
Quando completou setenta
Anos de idade, e até hoje
O povo muito comenta.
Nesta abordagem sensata,
Digo que Tia Ciata
Muito bem nos representa,

Pois no universo do samba
Foi ela uma precursora,
Facilitadora, amiga,
Criadora, acolhedora
Que nos fez um grande bem.
Tia Ciata também
Foi mulher inspiradora.

PRECONCEITO NUNCA MAIS

PRECONCEITO NUNCA MAIS

Dói muito avistar alguém
Tendo um tratamento hostil,
Ou tendo o corpo marcado
Por chicote ou por fuzil.
Infelizmente essa prática
Já foi comum no Brasil.

Um tratamento gentil
Era coisa muito rara
No tempo de homens cativos,
Conforme a história declara.
E expõe profunda ferida,
Que dificilmente sara.

Tem branco que se declara
Melhor (ou superior)
E diante de um negro mostra
Desconfiança e pavor.
Isso é falta de respeito,
Preconceito e desamor.

Um negro governador
No nosso país não tem.
Se surgir um candidato,
Não sei se ele se sai bem,
Porque dentro da política
Vejo racismo também.

Na rua, dentro do trem,
No clube, no ônibus lotado,
Na fila da padaria,
No açougue e no mercado,
De vez em quando se vê
Um negro discriminado.

Mulheres negras inspiradoras

Isso já vem do passado,
Do tempo da escravidão.
Foi um período difícil,
De dor e perseguição,
Quando em termos de racismo
O Brasil foi campeão.

Creio que a educação
Possui meios (ou poder)
Pra combater esse mal
Que apavora e faz sofrer.
A igualdade é a forma
De o amor prevalecer.

A gente tem que viver
Valorizando a igualdade,
Com juventude e velhice
Em clima bom de amizade,
Pra cada um ter direito
A um lar de felicidade.

A solidariedade
Precisa virar rotina.
Se a gente for tolerante,
Conforme o bom senso ensina,
O mundo será melhor,
Haverá mais disciplina.

A natureza é divina,
Fiel, honesta e sincera.
Preservação e respeito
Do ser humano ela espera.
Mas, se fizer ao contrário,
Nosso futuro já era.

PRECONCEITO NUNCA MAIS

Realmente só prospera
Quem usa a inteligência,
Não zomba do infeliz
Que sofre sem assistência,
Pra não sentir o remorso
Martelando a consciência.

O lado da violência
Enfraquece a esperança.
O mal tem predominado
Com muita perseverança
Porque quem tira proveito
Não autoriza a mudança.

Onde o preconceito avança
O amor não acha sentido,
A paz não encontra rumo,
Fica tudo dividido,
Especialmente o destino
Do menos favorecido.

Isso tem acontecido
Na nossa sociedade
Com quem não tem pouso certo
No campo nem na cidade.
O preconceito é irmão
Da falta de humanidade.

Atinge qualquer idade,
É cruel e desumano:
Julga, reduz e maltrata,
Provoca desgosto e dano.
Está na periferia,
Mas também no meio urbano.

Mulheres negras inspiradoras

Acho triste o ser humano
Que maltrata um semelhante,
Achando que é o melhor,
Ou muito mais importante.
Quem age assim, a meu ver,
Torna-se repugnante.

Conheço gente arrogante
Que busca riqueza e glória,
Mas deseja que o vizinho
Não vença nem faça história.
E acaba se comportando
Como repulsiva escória.

Nessa cruel trajetória,
Nós podemos perceber
Que o mais pobre é humilhado
Pelo dono do poder...
Em toda classe hoje vemos
O preconceito render.

Já vi alguém ofender
Ateu, crente e pai de santo.
Na decorrência dos anos,
A ganância cresceu tanto
Que, quando um justo percebe,
Sente tristeza e espanto.

Tem gente que se diz santo
E é dez vezes pecador,
Não pronuncia uma letra
Da forte palavra amor.
Possui fraca inteligência
E conduta inferior.

Preconceito nunca mais

O preconceito de cor
Envergonha o mundo inteiro.
Quem não possui consciência
Age igual a um traiçoeiro:
Quer derrotar o vizinho
Pra ter o lugar primeiro.

No futebol brasileiro,
Já se viu cena mundana
De preconceito e racismo,
Alguém jogando banana.
Isso precisa acabar
No meio da raça humana.

É pessoa desumana,
Sem hombridade, boçal
Quem ataca o semelhante
Por qualquer coisa banal,
Se esquecendo de lembrar
Que todo mundo é igual.

Conhecemos que esse mal
Floresce a cada segundo
Quando alguém acha que o negro
É somente um vagabundo.
Mas isso tem que acabar
Nos quatro cantos do mundo.

Somente o amor profundo
Gera um poder sem limite.
No canto onde o bem reside
A pessoa não permite
Preconceito, porque somos
Todos de uma mesma elite.

Seja forte, não hesite,
Combata a homofobia.
Xenofobia também
É uma coisa que atrofia.
Não queira provar que tem
Uma cabeça vazia.

O preconceito hoje em dia
Só gera aborrecimento:
Na torcida organizada
Tem torcedor violento.
Mas preconceito é somente
Falta de conhecimento.

Às vezes num movimento
Surge algum engraçadinho
Que entra sem ser convidado,
Come o pão e bebe vinho,
Conta piada sem graça,
Finda num canto sozinho.

História de mau vizinho
Toda vida apareceu;
Não tem quem calcule as vezes
Que esse drama aconteceu.
Quem age dessa maneira
Por certo retrocedeu.

Quem faz assim já nasceu
Com sentimentos banais,
Não consegue perceber
Que somos todos iguais.
Mas eu digo em todo canto:
Preconceito nunca mais.